Christel Blankenstein

Bayerisch Schwaben

Freizeit mit Kindern

STÖPPEL
VERLAG

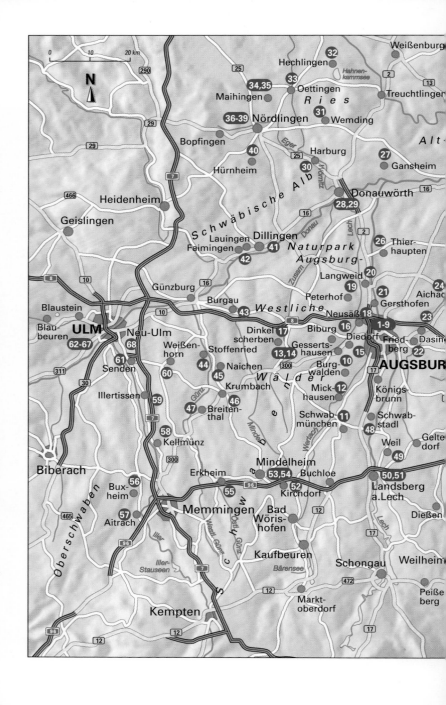

Tourenübersicht

In Nachbarschaft zum
vorliegenden Freizeitführer sind
im Stöppel Verlag erschienen:

Freizeit mit Kindern
933 Oberbayern Süd
956 Bayern Bd. 2
978 Allgäu

Wandern
904 Pfaffenwinkel-Fünfseenland
921 Wirtshauswandern Allgäu
953 Wirtshauswandern Bodensee
980 Almwandern Allgäu
981 Almwandern Oberbayern

Radwandern
909 Pfaffenwinkel
910 Augsburg und Umgebung
917 Allgäu
926 Münchner Stadt-Radelbuch
934 Bodensee
957 König-Ludwig-Weg
962 Schwäbische Alb
963 Oberbayerische Seen
989 Biergarten-Radelbuch
Oberbayern

Die Autorin:
Christel Blankenstein, geboren 1941 in Wien, seit Kindertagen wandernd und radelnd in unserem Land unterwegs, bringt ihre Reiseerfahrungen seit 1990 zu Papier. Schwerpunkt ihrer Reisebeschreibungen ist dabei ihre schwäbische und oberbayerische Heimat. Seit 1987 auch Reisejournalistin bei Radio KÖ in Augsburg.

Trotz größter Sorgfalt bei Recherche und Zusammenstellung der Touren in diesem Buch können Autorin und Verlag keine Gewähr für die Richtigkeit der Angaben übernehmen.

In jedem Fall freuen wir uns über Korrekturen, Anregungen und Verbesserungsvorschläge zu diesem Buch.

Bildnachweis:
Ulmer Spielschachtel (Seite 151), Sportiv-Touren (Seite 159), Christel Blankenstein (alle übrigen Fotos einschl. Titelfoto)

Titelfoto: Im Pippolino-Freizeitpark (Tour 20)

©1999 Stöppel Verlag, D-82362 Weilheim
www.stoeppel.de

Redaktion: Horst-Hennek Rohlfs, Herrsching
Karten: Computerkartographie Carrle, München
DTP: R. Stöppel, Weilheim; H.-H. Rohlfs, Herrsching
Herstellung: Das Grüne Atelier, Holzkirchen
Lithos: Lorenz & Zeller, Inning a.A.
Druck: EOS, St. Ottilien
Printed in Germany

ISBN 3-89306-605-5

Inhalt

Die Touren:

Landkreis Augsburg / Aichach-Friedberg

Landkreis Donau-Ries

Landkreis Dillingen / Günzburg

Landkreis Landsberg / Unterallgäu

Landkreis Ulm / Neu-Ulm

Kartenlegende

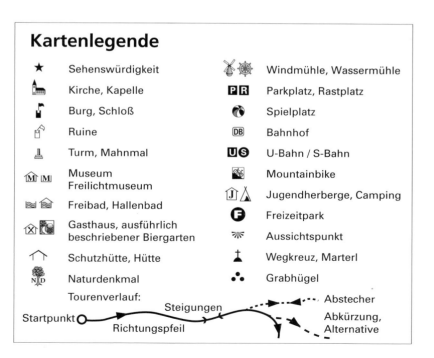

★   Sehenswürdigkeit

🏰   Kirche, Kapelle

🚩   Burg, Schloß

  Ruine

🗼   Turm, Mahnmal

Ⓜ Ⓜ   Museum, Freilichtmuseum

≈ 🏠   Freibad, Hallenbad

  Gasthaus, ausführlich beschriebener Biergarten

⌂   Schutzhütte, Hütte

  Naturdenkmal

🌀 🌀   Windmühle, Wassermühle

🅿 🆁   Parkplatz, Rastplatz

🔴   Spielplatz

DB   Bahnhof

U S   U-Bahn / S-Bahn

  Mountainbike

  Jugendherberge, Camping

F   Freizeitpark

☀   Aussichtspunkt

✝   Wegkreuz, Marterl

•᛫•   Grabhügel

Tourenverlauf:

Steigungen

Startpunkt O

Richtungspfeil

Abstecher

Abkürzung, Alternative

7

Vorwort

Liebe (Groß-)Väter und (Groß-)Mütter,

was nun, wenn wieder ein Sonn- oder Ferientag ansteht, möglichst ein verregneter noch dazu, und die Kinder stellen beim Frühstück alle die gleiche unbekümmerte Frage: „Was machen wir heute?" Eine Frage, die bestenfalls die kleinen grauen Zellen in Hochleistung versetzt, schlimmstenfalls mit einem resignierenden Schulterzucken oder mit dem Fernsehprogramm beantwortet wird.

Dabei gibt es doch so viel Interessantes zu sehen, zu erleben und zu entdecken in unserer näheren oder weiteren Umgebung! Hilfestellung möchte dieses Buch leisten, mit Tips und Anregungen für Sommer und Winter, Schön- oder Schlechtwetter, für kleine oder große Unternehmungen, die nicht nur dem Nachwuchs, sondern der ganzen Familie nebst Freunden Spaß machen und somit zum unvergeßlichen Erlebnis werden.

In diesem Sinne wünsche ich Ihnen abwechslungsreiche Stunden und Tage - und falls Sie einen Sonntag wirklich mal ruhig zu Hause verbringen wollen, verstecken Sie das Buch am besten vor den Kindern!

Ihre

Christel Blankenstein

Märchenstube, -museum; hier werden Märchen aufgeführt

schöner Winterspaziergang, Rodelbahn, Wintertip

Ausflug ist auch bei schlechtem Wetter zu empfehlen

Auf der Tour gibt es Bademöglichkeiten

Besonders reizvolle Radtour

Der Ausflug ist kinderwagengeeignet

Interessante Technik, Technisches Museum

Freizeitpark, schöner Spielplatz, Abenteuer

Tiere unterwegs, Zoo, Tiergehege

Ausflug mit dem Schiff, Bootstour

Schöne Wanderung

Hier gibt's etwas anzuschauen

Museumsbesuch

Eislaufen

Park, Botanischer Garten

Hier kann man einen Kindergeburtstag feiern

 Entfernung, Zeitaufwand

 Öffnungszeiten des Ausflugziels

 Eintrittspreise

 Einkehrmöglichkeiten

 Parkplätze

 Anreise mit öffentlichen Verkehrsmitteln

 Badegelegenheit

 Information, Auskunft

Zu Beginn ein paar Tips

Allgemeines

Im nordschwäbischen Raum Bayerns gibt es, wie in anderen Gegenden auch, eine Fülle an kindgerechten Ausflügen und Möglichkeiten, so daß eine Auswahl zu treffen war, die „von allem etwas" beinhaltet. Das Buch erhebt also aus Platzgründen keinen Anspruch auf Vollständigkeit. Fragen Sie in den örtlichen Verkehrsämtern nach weiteren Angeboten.

In den Tourenbeschreibungen sind manchmal Hinweise auf zusätzliche Unternehmungen enthalten. Die Texte selbst wollen lediglich einen kurzen Überblick schaffen zu dem, was Sie erwartet. Ihnen und Ihren Kindern sollte viel Raum für eigene Entdeckungen bleiben - und im Buch Platz für ein paar Tips mehr.

Die in diesen Führer eingeflossenen Hinweise auf weitere Bücher eröffnen eine Fülle an zusätzlichen Gestaltungsmöglichkeiten für Freizeit mit Kindern.

Info-Block

Außerhalb der normalen Öffnungs- und Besuchszeiten lassen sich nahezu überall Sondertermine für Gruppenführungen (Schulklassen, Vereine, Kindergärten, Großfamilien) vereinbaren. Dazu gibt es in den meisten Fällen auch Preisermäßigungen. Viele Museen oder Sehenswürdigkeiten beginnen erst durch eine fachkundige Führung richtig zu leben, außerdem können die Kinder dann auch Fragen stellen. Genaue Anschriften sind unter dem Info-Symbol zu finden.

Gibt es - vor allem in größeren Orten - mehr als nur tourbezogene Gaststätten, sind keine einzelnen genannt bzw. fehlt der Hinweis ganz. Parkplätze ohne den Zusatz „gebührenpflichtig" sind frei.

Parkhäuser kosten natürlich, ebenso Minigolfplätze, Ruderboote und Schwimmbäder, wobei sich die Preise im üblichen Rahmen bewegen, so daß sie nicht extra aufgelistet sind. Minigolfplätze sind in der Regel nur bei schönem Wetter geöffnet, dann aber manchmal auch schon außerhalb der angegeben Zeiten.

Rodelspaß in Burgwalden (Tour 10)

Wanderzeit / Streckenlänge

Bei den Kilometer- oder Stundenangaben ist - außer bei den Zugangswegen von Bahn und Bus im Info-Block - jeweils die gesamte Strecke bzw. Tour erfaßt. Angegeben sind reine Gehzeiten ohne Pausen, wobei von einem durchschnittlichen Tempo von etwa 4 km pro Stunde ausgegangen wurde, die ein lauffreudiger Fünfjähriger durchaus schaffen kann.

Mit jüngeren Kindern oder solchen, die gerne bummeln und unbedingt den Käfer oder die Eidechse am Wegrand beobachten wollen, müssen Sie einiges, um nicht zu sagen ein Vielfaches an Zeit hinzurechnen. Die Sprößlinge sollen vor allem Freude haben, die Welt auf ihre Art zu entdecken.

Wenn der Nachwuchs nebenbei erfährt, wie wichtig beispielsweise Erdkröten sind, weil sie unglaublich viel Ungeziefer vertilgen, oder wie die Bienen auf all den Blüten die Pollen für den süßen Honig sammeln und gleichzeitig dafür sorgen, daß wir Äpfel und Birnen essen können, werden die Kinder auch gleich lernen, entsprechend Achtung vor der Natur und ihren Geschöpfen zu haben.

Symbole / Wohin bei...?

Neben den angegebenen Symbolen finden sich im Text manchmal auch noch weitere Hinweise oder Möglichkeiten. Meist handelt es sich auch nicht um reine „Wandertage", sondern es sind den Vorschlägen oft kleine „Umwege" angehängt, die auch ausgelassen werden können. Gleiches gilt für die „Radeltouren", zu denen man das Rad mitnehmen kann, aber nicht muß.

Heutzutage haben viele Eltern das Baby in Rückentragen fast überall dabei, doch sind unter „Kinderwagen" bzw. „Das Baby dabei" nur babygerechte bzw. kinderwagengeeignete Vorschläge zu finden.

Die Geburtstagssymbole beziehen sich nicht immer auf spezielle Angebote, sondern sollen Hinweise auf Möglichkeiten geben, diesen wichtigen Tag entsprechend bzw. mal ganz anders zu feiern.

Und für den Winter gilt: Es läßt sich auch vieles aus dem Regenangebot wählen.

Kleidung

Kinder schwitzen oder frieren viel schneller als Erwachsene. So ist vor allem für sie die typische „Zwiebelkleidung" von Vorteil. Schale um Schale läßt sich „abpellen" und genauso wieder anziehen. Bei Wanderungen sollte gutes Schuhwerk die kleinen Füße zieren, das heißt, der Schuh muß passen (nicht zu klein, nicht zu groß), darf nicht drücken oder reiben und sollte neben einer Profilsohle möglichst auch einen hohen Schaft haben.

Heutzutage hat sich die UV-Strahlung wesentlich verstärkt, so daß gute Sonnenschutzmittel unverzichtbare Begleiter sind. Ebenso gehört bei längeren Unternehmungen Regenzeug ins Gepäck, und da es nach einem Gewitter oder Schauer meist abkühlt, auch eine warme Jacke oder eine Windbluse. Bei Radeltouren sollten Sie mit gutem Beispiel vorangehen und wie die Kinder einen Helm aufsetzen.

Essen und Trinken

Wer mit Kindern unterwegs ist, weiß, daß immer Eß- und Trinkbares greifbar sein muß; denn wenn man vor dem Gasthof steht, haben die Kinder oft keinen Hunger - aber todsicher zehn Minuten später! Außerdem ist ein Picknick am Rand einer Wiese (wo man die Grashüpfer oder Schmetterlinge beobachten kann), auf einem hohlen Baumstamm (der sich wie der nahe Wald erkunden läßt) oder am Bach (da schwimmt doch sicher irgendwo ein Fisch!) viel interessanter als der schönste Biergarten. Die Kleinen brauchen auch wesentlich öfter Nahrungs- oder Flüssigkeitsnachschub als Erwachsene. Bei Letzterem sind Mineralwasser, verdünnte Säfte und kaum gesüßter Tee bessere Durstlöscher als Limonaden oder die heißgeliebte Cola.

Noch eine Bitte

Zwar werden Hinweise der Autoren, den Müll wieder mitzunehmen und die Umwelt zu schonen, meist nicht gern gelesen. Doch begegnen uns leider in zunehmendem Maße überall die Abfall-Hinterlassenschaften oder beschädigtes Allgemeingut (was teures und genau genommen unser aller Geld kostet), so daß auch in diesem Buch eine solche Aussage gestattet sei. Nicht zu vergessen die Vorbildfunktion der Erwachsenen: Kinder ahmen nach - das gute wie das schlechte Beispiel!

1

Augsburg -
Augsburger Puppenkiste

Eigentlich begann alles mit einer Heimbühne zum Vergnügen der beiden Töchter des Theaterhasen und Schauspielers Walter Oehmichen und seiner Frau Rose. Nach der Zerstörung im Zweiten Weltkrieg schuf das Ehepaar Oehmichen ein vollständiges Marionettentheater, das im Februar 1948 als „Augsburger Puppenkiste" mit dem „Gestiefelten Kater" Eröffnung feierte. Es blieb bis heute im Familienbesitz, was mit Sicherheit auch den dauerhaften Erfolg begründete.

Einen Beitrag zum inzwischen internationalen Bekanntheitsgrad leistete das Fernsehen. Im Januar 1953 flimmerte „Peter und der Wolf" beim NWDR Hamburg erstmals über die Mattscheibe, und mit dem NDR produzierte die Puppenkiste über 800 „Sandmännchen"-Sendungen. Zahlreiche Geschichten brachten im In- und Ausland die lustigen Figuren per TV in die Wohnzimmer.

Im Schwäbischen Handwerkermuseum (Tour 2)

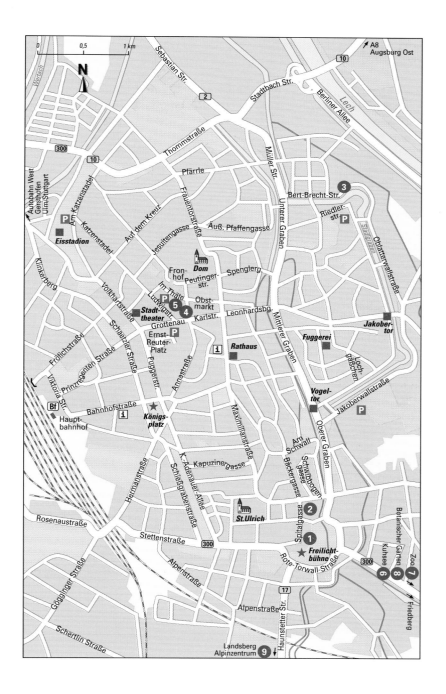

Erinnert sei an einige wenige wie „Der Löwe ist los", das bezaubernde „Urmel aus dem Eis", „Kleiner König Kalle Wirsch" oder „Jim Knopf und Lukas der Lokomotivführer". Nicht nur die Kinder liebten sie, auch die Erwachsenen saßen vor dem Bildschirm und verfolgten mit Spannung die Abenteur der liebevoll gearbeiteten Marionetten, die heute noch in der eigenen Werkstatt entstehen. Hannelore Marschall-Oehmichen ist die Gestalterin von bislang annähernd 5000 Figuren (!), für die irgendwann ein Museum geschaffen werden soll.

Das Spielfilmwagnis „Die Story von Monty Spinnerratz" wurde ein voller Erfolg, auch in Übersee sorgte die Geschichte der New Yorker Kanalratten für volle Kinokassen. Das machte Mut für eine eigene, aufwendige Tournee-Bühne, mit der die Augsburger Puppenkiste 1998 zu ihrem 50. Geburtstag auf Reisen ging. 12 Tieflader, darunter das als Bühne aufklappbare, 120 qm große „Puppenkisten-Mobil", bringen die Augsburger Marionetten nun auch in andere Städte und bis nach Amerika.

Dem kleinen Theater am Roten Tor ist es trotz aller Expansion - gerade in Zeiten des Überhandnehmens der Massenmedien - nach wie vor ein großes Anliegen, gute und kindgerechte Unterhaltung zu bieten. So sind neben Stücken für Erwachsene wenigstens zwei Drittel aller Aufführungen Vorstellungen für Kinder. Der Jahresspielplan, in dem immer wieder bekannte Stücke wie „Der Räuber Hotzenplotz", „Das kleine Gespenst", „Die kleine Hexe" und viele weitere bekannte Märchen auftauchen, ist an der Theaterkasse erhältlich oder wird auf schriftliche Anforderung zugesandt (DM 2,50 in Briefmarken beilegen).

Toureninfos

🕐 Spielzeit Ende Aug - Mai/Juni. Aufführungen für Kinder: Mi, Sa, So 15 h, im Winter So auch 16 h; Abendvorstellungen Mi und Sa, teils Fr.

Erw. und Kinder nachmittags DM 8,- bis 14,-, abends DM 15,- bis 27,-. Kartenvorbestellung Di-So 10-12 h, nur telefonisch: 0821/434440.

P In den umliegenden Straßen oder Parkhaus am Vogeltor (elektronisches Parkleitsystem). A 8, Ausfahrt „Augsburg-Ost",Richtung „Lechhausen, Füssen" zum Vogeltor bzw. Roten Tor, dort „Stadtmitte" und rechts in die „Spitalgasse".

Hauptbahnhof Augsburg: VGA-Bus 23, 26, 32 bzw. Tram 3, 4, alle Haltestelle „Rotes Tor". Bei der Freilichtbühne in die „Spitalgasse" (ca. 3 min).

Kuhsee (Tour 6); Königstherme u. Gerfriedswelle siehe „Bäder".

i Augsburger Puppenkiste, Spitalgasse 15, 86150 Augsburg, Tel. 0821/432182 (Mo-Do 9-12 h).

2

Augsburg - Schwäbisches Handwerker- museum, Augsburger Handwerkerweg

Eigentlich könnte es die rechte Einstimmung sein, erstmal das kleine Museum zu besuchen, bevor man sich Stationen aus dem Handwerkerweg herauspickt. Die Ausstellung über altes Handwerk versteckt sich in einem idyllischen Innenhof mit Gärtlein hinter den historischen Wassertürmen am Roten Tor. Dort lehnt an der einstigen Wehrmauer das Brunnenmeisterhaus aus dem 17. Jh., das 1983-85 wiederhergestellt und als Museum eingerichtet wurde. Zu sehen gibt es Werkstätten mit alten Maschinen und Werkzeugen der Schuster, Näher, Goldschmiede, Gürtler, Sattler, Schmiede, Buchbinder u.a. Bunte Garnrollen verraten den Posamentierer, und neben dem vorsintflutlich anmutenden Friseursalon erregt eine 60 cm hohe Spätbarockfrisur aus Drahtgestellen, Spitzen, Schleiern und Bändern rückhaltlose Bewunderung. In Kurztexten werden die Berufe erklärt und wie die Zünfte das Leben des Handwerks bestimmten, außerdem Sitte und Brauchtum im Handwerk, darunter die Gesellentaufe, der Schäfflertanz, der „Blaue Montag" und warum Lehrjahre früher keine „Herrenjahre" waren.

Mit solchem Vorabwissen können Sie sich auf den als einzigartig in Deutschland geltenden Handwerkerweg begeben, der - mit grünen Täfelchen ausgeschildert - in der Altstadt ohne exakte Führungslinie verläuft. Nicht in Museen, sondern in echten Traditionsbetrieben bietet er Gelegenheit, den Meistern bei ihrer interessanten und kreativen Arbeit über die Schulter zu blicken und hautnah dabeizusein, wenn beispielsweise das Brot in den Holzkohleofen „geschossen" oder ein Schmuckstück angefertigt wird. Am besten plant man für den Weg mehrere Etappen, da die Betriebe nur wochentags und zu bestimmten Zeiten für Besucher offenstehen. Frei zugänglich sind lediglich das Wasserrad am Schwallech und der Schäfflerhof (beide in der Schwibbogengasse). Die Termine sind bei der Handwerkskammer für Schwaben zu erfahren, die auch ein Faltblatt bereithält.

Und wenn Sie schon in der Stadtmitte unterwegs sind, lassen Sie sich den Ausblick vom Perlachturm neben dem Rathaus über die Fuggerstadt nicht entgehen; an klaren Tagen wird die Mühe des Treppensteigens zusätzlich mit Sicht bis zum Hochgebirge belohnt. Einen kurzen Besuch im Rathaus sollten Sie Ihren Kindern auf alle Fälle abringen: Im ersten Stock ist seit Februar 1996 die Rekonstruktion des Goldenen Saals abgeschlossen, dessen Pracht selbst dem Nachwuchs ein staunendes „Ah" entlocken wird.

Toureninfos

 Handwerkermuseum: Mo/Di 9-12 und 13-17 h, Mi-Fr 13-17 h, So/Fei 10-17 h. - Handwerkerweg: auf Anfrage. - Perlachturm: Ostern/Mai - Mitte Okt tägl. 10-18 h. - Goldener Saal: tägl. 10-18 h.

 Handwerkermuseum frei. - Perlachturm: Erw. DM 2,-, Kinder DM 1,-; Goldener Saal: Erw. DM 3,-, Kinder 7-14 J. DM 1,-;.

1998 feierte die Augsburger Puppenkiste 50. Geburtstag (Tour 1)

P Handwerkermuseum wie Tour 1. Aus der „Spitalgasse" am kleinen Platz (Beim Rabenbad 6) durchs Tor oder von der „Margaretenstraße" wie Bus.

🚃 Hauptbahnhof Augsburg: Tram 2, 3 zum Königsplatz, VGA-Bus 31, 36, Haltestelle „Margaret". Beim Bach durchs Tor des Paritätischen Hospitals, immer am Wasser entlang, hinter dem „Café Margaret" gerade durchs nächste Tor.

👑 Kuhsee (Tour 6); Königstherme u. Gerfriedswelle siehe „Bäder".

ℹ Handwerkskammer für Schwaben, Schmiedberg 4, 86152 Augsburg, Tel. 0821/3259220, Fax 3259271. - Tourist-Information, Bahnhofstr. 7, 86150 Augsburg, Tel. 0821/502070, Fax 5020745, oder Rathausplatz.

3

Augsburg - Kahnfahrt

Seit 1876 gibt es die Kahnfahrt auf dem Graben am Oblatterwall, eine ruhige Oase inmitten der Großstadt. So manche Ehe wurde hier auf dem Wasser gestiftet, Bert Brecht verdiente sich als sogenannter „Bootsschupfer" ab und zu eine Brotzeit, und für Erwachsene wie Kinder einschließlich Schulklassen ist die Kahnfahrt auch heute noch ein Vergnügen. Der recht gut erhaltene Oblatterwall gehört zur einstigen Wehranlage Augsburgs, die durch die Flächenausdehnung der Altstadt zu den größten in Deutschland zählte. Ebenfalls noch aus der mittelalterlichen Befestigung stammen der nahe Fünfgratturm („Fünffingerlesturm") und das Jakobertor.

Der Anblick der fast unberührten historischen Stadtmauer läßt sich also vom Wasser aus genießen, im althergebrachten Ruderkahn, im Kajak, Tretboot oder in einem der bunten Elektroboote. Rund 30 Schiffe sind im Einsatz, und es macht ausgesprochen Spaß, zwischen Mauer und grünen Armen mächtiger Kastanienbäume umher- oder unter der Straßenbrücke hindurchzuschippern. Von der „Riedlerstraße" her betritt man durch eine Tür in der Stadtmauer die nostalgisch anmutende Gaststätte mit ihrer verglasten Veranda, die Hochzeits- und Geburtstagsgesellschaften gleichermaßen aufsuchen. Bei schönem Wetter laden Biertische und Bänke am idyllischen Ufer zu beschaulicher Rast.

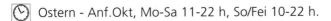

Toureninfos

🕐 Ostern - Anf.Okt, Mo-Sa 11-22 h, So/Fei 10-22 h.

Je nach Zeit und Bootstyp DM 4,- bis DM 25,-.

☒ Gaststätte „Kahnfahrt".

P In den umliegenden Straßen. A 8, Ausfahrt „Augsburg-Ost",
durch Lechhausen Richtung „Stadtmitte", vor dem Jakobertor
scharf rechts in die „Oblatterwallstraße". Über die Grabenbrücke
und rechts auch Parkhaus des Vincentinums; von der Einfahrt
wenige Meter zur Kahnfahrt.

Hauptbahnhof Augsburg: VGA-Bus 22, 23 oder Tram 2, 3 zum
Königsplatz und Tram 1, alle Haltestelle „Jakobertor". Durch die
„Oblatterwallstraße" wie P (ca. 10 min).

Kuhsee (Tour 6); Königstherme u. Gerfriedswelle siehe „Bäder".

i Augsburger Kahnfahrt, Riedlerstr. 11, 86152 Augsburg, Tel.
0821/35516, Fax 3493947.

4

Augsburg - Naturmuseum

Viel zu sehen und zu staunen gibt es im Augsburger Naturmuseum,
das als eines der größten und schönsten seiner Art in Bayern gilt. Her-
vorgegangen ist es aus einem 1846 gegründeten Bürgerverein, dem
heutigen Naturwissenschaftlichen Verein für Schwaben, der die
Sammlung nach der vollständigen Zerstörung (1944) im Zweiten
Weltkrieg wieder aufgebaut hat und auch weiterhin betreut. Die The-
menbereiche sind über vier Etagen verteilt. Im Erdgeschoß wird der
Besucher vertraut gemacht mit der jüngeren Erdgeschichte Bayerns
und der damals noch vorhandenen tropischen bzw. subtropischen
Tier- und Pflanzenwelt. Eindrucksvoll steht das Skelett eines afrikanischen Elefanten im Raum, in dem auch Bären, Löwen, Affen und Echsen nicht nur die Kinder beeindrucken. Ein Film zeigt z.B. die Entstehung des Nördlinger Rieses durch den Meteoriteneinschlag vor einigen Jahrmillionen. Im ersten und zweiten Stock lernen die Besucher
anhand reizvoll gestalteter Dioramen die Zoologie unserer näheren
Heimat kennen, vom Alpensteinbock bis zu den Zwergmäusen im

Kornfeld, von Fledermäusen und Höhlenspinnen bis zum Storch, der gerade sein Nest baut, von Käfern bis zu den Schmetterlingen.

Das dritte Stockwerk befaßt sich mit Mineralogie und Paläontologie. Von der Evolution des Menschen geht es über Funde aus dem Quartär, Tertiär und der Kreidezeit zu herrlichen Versteinerungen ganzer Fische und Pflanzen. Die Mineraliensammlung, in der ein Film auf Knopfdruck von Vulkanausbrüchen und Erdbeben berichtet, läßt so manches Sammlerherz höherschlagen. An der Kasse kann man einfache Stücke und Steine käuflich erwerben. Dort gibt es für interessierte Kinder auch eine ganze Reihe von Bastel- und Malbögen, Rate- und Suchspielen, die im Schwierigkeitsgrad nach Alter gestaffelt sind und beim Nachwuchs einen wahren Entdeckerdrang auslösen.

Toureninfos

🕐 Mi-So 10-16 h.

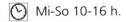 Erw. DM 4,-, Kinder ab 10 J. DM 2,-, Fam.Karte DM 6,-; jeden 1. So im Monat frei. - Verbundkarte für alle städtischen Museen und Gedenkstätten DM 13,-.

P In den umliegenden Straßen. Wochentags besser in den Parkhäusern Ernst-Reuter-Platz oder Ludwigstraße/Theater (elektronisches Parkleitsystem), jew. 2-3 min zum Museum.

Hauptbahnhof Augsburg: Tram 2, Haltestelle „Stadtwerke", Richtung Innenstadt und an der Ampelkreuzung rechts durch die „Karlstraße" zu den Ludwigpassagen (ca. 5 min). Tram 4, Hst. „Stadttheater", durch die „Grottenau" (ca. 3 min), VGA-Busse 22, 23, 33, Hst. „Karlstraße".

Kuhsee (Tour 6); Königstherme u. Gerfriedswelle s. „Bäder".

i Naturmuseum, Im Thäle 3, (Eingang in der Ludwigpassage), 86152 Augsburg, Tel. 0821/3246740.

Rudervergnügen mitten in der Stadt (Tour 3)

5

Augsburg - Sparkassen-Planetarium

Selten bekommt eine Stadt ein solch schönes Geburtstagsgeschenk wie Augsburg zur 2000-Jahr-Feier (1985) das Planetarium. 1989 ging es in Betrieb, hat einen Kuppeldurchmesser von 10 Metern und bietet 80-90 Personen Platz. Die Stiftung der Stadtsparkasse ist die einzige professionelle Einrichtung dieser Art im weitesten Umkreis. Einmalig ist auch, daß Unterhalt, Wartung der Technik und Neuanschaffungen ebenfalls vom Kreditinstitut getragen werden.

„Schwabens Fenster zum Universum" zeigt ständig wechselnde Programme, auch für Kindergärten und Schulklassen. Anhand bearbeiteter Bilder und Raumsondenfotos rücken Sterne zum Greifen nah, und mit der modernen computergesteuerten Projektionsweise fliegt der Besucher durchs All bzw. werden für die Jüngsten Märchen und Geschichten erzählt. Für größere Kinder und Erwachsene sind die Vorführungen über den Jahreszeitenhimmel oder die Entstehung von Sternen und Planeten gedacht.

An manchen Abenden finden auch Konzerte, die „Sternenklänge", statt. Jeden Mittwoch ist Kinder- und Familientag, um die Weihnachtszeit gibt es ein spezielles Weihnachtsprogramm. Im Zugang zum Kuppelsaal sind Planetenfotos, Modelle vom Sonnensystem sowie unserer Milchstraße zu bestaunen.

Toureninfos

🕐 Di/Mi 15 h, Do 15 und 19 h, Fr 15 und 20 h; Sa/So 14, 16, 18 und 20 h, Okt-Apr So auch 10.45 h. -
Kindergärten Di-Fr 9.30, 11 und 13 h, Schulklassen Di-Fr 9, 11 h und 12.30 h (nur nach Voranmeldung). Monatl. Spielplan anfordern.

Erw. DM 5,-, Kinder DM 3,-, Fam.Karte DM 10,-.

P Wie Tour 4.

Wie Tour 4.

Kuhsee (Tour 6); Königstherme u. Gerfriedswelle s. „Bäder".

i Sparkassen-Planetarium, Im Thäle 3 (Eingang in der Ludwigpassage, Naturmuseum), 86152 Augsburg, Tel. 0821/3246740, Fax 3246780.

6

Augsburg - Kuhsee, Hochablaß

Viel gibt es zu erleben an Augsburgs großem Lechwehr, dem Hochablaß. Er ist bereits im Jahr 1346 dokumentiert, brach 1910 bei einer Hochwasserkatastrophe zusammen und wurde neu errichtet. An seiner westlichen Seite regelt er den Zulauf zum Haupt-Stadtbach, an dem etwa 250 m unterhalb das gelb gestrichene, historische Wasserkraftwerk liegt. Das besitzt noch die Originalausstattung von 1879, ist aber nur im Rahmen von Gruppenführungen zugänglich.

Einen Abzweig des Stadtbachs, den Eiskanal, hat man anläßlich der Olympischen Spiele 1972 in München zum Lech hin durchgezogen und Zuschauer-Wälle angelegt. Die 660 m lange Rennstrecke, auf der fast immer Wildwasser-Akrobaten aus dem Kanu-Bundesleistungszentrum trainieren, war somit das erste Kanu-Slalom-Stadion der Welt.

Der folgende hohe Steg überbrückt das Lechwehr, von dem sich gut das herabstürzende bzw. hindurchschießende Wasser beobachten läßt. Besonders eindrucksvoll ist das Schauspiel, wenn der Fluß viel Wasser führt. Ein Hochwasser war es auch, das 1970 große Teile des Stadtteils Hochzoll unter Wasser setzte und Sanierungsmaßnahmen an den Dämmen nötig machte. Den Kies dazu entnahm man gleich nebenan der urwaldähnlichen Wildnis des damals wesentlich kleineren Kuhsee, und so entstand der See in seiner heutigen Größe: ein stadtnahes Freizeit- und Erholungsparadies mit Spiel- und Badeplätzen, Kinderplansch- und Grillbereich, Gastronomie und Bootsverleih. Auf kinderwagengeeigneten Wegen läßt sich der See zu Fuß oder mit dem Rad umrunden.

Als weiteres Betätigungsfeld für Radler oder Wanderer bieten sich die Ufer- bzw. Dammwege beidseits des Lechs an. Durch den Siebentischwald könnte man auf ausgeschildertem Weg wie folgt zum Zoo und Botanischen Garten wandern oder radeln: Über die Eiskanalbrücke gerade zur autofreien Straße und auf dieser links, leiten kurz darauf rechts Rad- und Wanderwege zum Zoo bzw. Botanischen Garten. Folgt man statt dessen weiterhin der Teerstraße - an der Kreuzung geradeaus über die Bachbrücke - lassen sich zudem der idyllische Stempflesee und das Kletterzentrum des Deutschen Alpenvereins an der Sportanlage-Süd erreichen.

Auch im Winter sind Hochablaß und Kuhsee ein beliebtes Ausflugsziel. Das gischtende Wasser hinterläßt bei Frost bizarre Eisgebilde an der Wehranlage, bei der viele Schwäne und Enten auf Futter warten. Auf dem Kuhsee herrscht reges Leben und Treiben, von Schlittschuhläufern bis zu Eishockey-Cracks oder Spaziergängern (auf eigene Gefahr), und auf der gleichen Lechseite - wenige Meter flußabwärts - findet sich sogar ein kleiner Rodelberg.

Toureninfos

km Kuhsee-Umrundung ca. 2,5 - 3 km. - Rad-/Wanderwege zum Zoo / Bot.Garten bzw. zur Kletterhalle jeweils 5-6 km (hin und zurück).

🕐 Historisches Wasserwerk (nur Gruppen auf Anmeldung), Tel. 0821/3246602.

🍴 Restaurants am Kuhsee und Eiskanal mit Terrasse bzw. Biergarten. - Kiosk am Wehr und bei der Wasserwachtstation am See.

P Parkplätze beidseits des Lechs (an der Hochzoller Lechbrücke jeweils die nächste Straße südlich, also flußaufwärts); mit Badegepäck besser zum Kuhsee-Parkplatz auf der Ostseite (Zufahrt durch die „Oberländer Straße").

🚋 Hauptbahnhof Augsburg: Tram 2, 3 zum Königsplatz, VGA-Bus 26, Haltestelle „Oberländer Straße". An der Kreuzung mit der „Nebelhornstraße" dem Parkplatz-Schild folgen (ca. 2-3 min).

🧺 Im Kuhsee; Königstherme u. Gerfriedswelle siehe „Bäder".

Winterspaziergang auf dem zugefrorenen Kuhsee

7

Augsburg - Zoo

Nach Schloß Neuschwanstein zählt der Augsburger Zoo - einer der zehn schönsten Tierparks in Deutschland - die meisten Besucher in ganz Schwaben. Er ist zu jeder Jahreszeit ein Erlebnis und bietet, da Tochter oder Sohnemann immer von Tieren begeistert sind, auch die Möglichkeit, den Kindergeburtstag dorthin zu verlegen.

Mehr als 2000 Tiere bzw. 380 Arten aus aller Welt sind in durchdachten Gehegen zu sehen, die in die weitläufige Parklandschaft am Siebentischwald integriert wurden. So haben selbst die kleinsten Familienmitglieder aus dem Kinderwagen freien Blick auf Löwen, Elefanten, Robben oder Giraffen.

Die Haltestelle der Ponykutsche ist meist umlagert, ebenso herrscht auf dem großen Spielplatz Hochbetrieb. Passend ist auch der Maibaum mit Tiersymbolen versehen. Hier finden sich Streichelzoo und Bahnhof, ab dem die Mini-Dampfbahn ihre Runden dreht. Mehrere Kioske und die Gaststätte mit schönem Biergarten (alle mit Baby-Wickelraum) stillen Hunger und Durst. Kinderwagen lassen sich am Eingang kostenlos ausleihen; für den Notfall gibt's auch eine Windelpackung.

Ein besonderes Ereignis mit viel buntem Programm sind alljährlich die beiden Kinderfeste. Zur Advents- und Weihnachtszeit erfreut im Löwenhaus eine Tiroler Krippe die Besucher. Sie besticht durch ihre großen Figuren, darunter Zootiere, zu denen sich jedes Jahr neue gesellen. Bei der Gaststätte bilden Schafe, Ziegen und Esel eine lebende Krippe. Ein Großteil der Tierparkbewohner bevölkert auch im Winter die Freigehege, so daß der Augsburger Zoo eine echte Ganzjahres-Attraktion darstellt.

Toureninfos

🕐 Apr/Mai/Sept 8.30-18 h, Juni-Aug 8.30-18.30 h, Okt-März 8.30-17 h. Kinderfeste 1. und 3. Mi der bayerischen Sommerferien.

Erw. DM 9,-, Kinder 3-15 J. DM 4,50.

SB-Gaststätte und mehrere Kioske im Zoo.

P Parkplatz vor dem Eingang. Zufahrt im Stadtgebiet weiträumig ausgeschildert.

Hauptbahnhof Augsburg: VGA-Bus 32, Haltestelle „Zoo, Botanischer Garten".

In unmittelbarer Nähe Freibad „Fribbe" an der Friedberger Straße (Mai-Sept) und Hallenbad, Siebentischstraße 4 (Sept-Juli).

i Zoologischer Garten Augsburg, Brehmplatz 1, 86161 Augsburg, Tel. 0821/555031, Fax 562729.

8

Augsburg - Botanischer Garten

Botanische Gärten müssen für Kinder nicht langweilig sein. Die Augsburger Anlage am Siebentischwald (direkt neben dem Zoo) bietet das ganze Jahr über viele interessante Sonderprogramme, die vor allem in den Schulferien auf Familien- und Kinderspaß ausgerichtet sind. Eine Vielzahl an Aktivitäten - vom Töpferkurs bis zum Puppentheater - ermuntert Groß und Klein zum Mitmachen und Spielen. Oftmals haben Kinder dann freien Eintritt. Zu Ostern gibt es eine große Osterschau und zur Weihnachtszeit im Victoria-Regia-Haus auf dem Rundbecken der Königin der tropischen Wasserrosen eine mit lebenden Pflanzen gestaltete, wunderschöne Krippe. Im Jahresprogramm, das angefordert werden kann, sind die wechselnden Veranstaltungen aufgeführt.

Auch sonst bietet der Botanische Garten Interessantes, z.B. den Bauerngarten, dessen Vielfalt auf engstem Raum anschaulich dargestellt ist, den hochinteressanten Apothekergarten und als besonders Schmuckstück den Japan-Garten. Die 4200 qm große „Teichlandschaft" entstand 1984 anläßlich der 25jährigen Partnerschaft Augsburgs mit den Städten Amagasaki und Nagahama und ist eine der bedeutendsten japanischen Gartenschöpfungen in Europa. Im Gewächshaus sind Kakteen und fleischfressende Pflanzen zu sehen. Der schöne große Spielplatz stillt den Bewegungsdrang der Kinder, ein Kiosk mit Biergarten sorgt für Verpflegung. Tradition hat das große Kinderfest, das alljährlich am 8. August, dem Augsburger Friedensfest, über die Bühne geht.

Toureninfos

 Mai-Mitte Aug 9-21 h, Mitte Aug-Mitte Sept 9-20 h, bis Ende Sept und Apr 9-18 h, Okt-März 9-17 h.

 Erw. DM 4,-, Kinder/Schüler DM 1,-, Fam.Karte DM 6,-.

 SB-Kiosk im Garten.

P Parkplatz am Gelände. Zufahrt „Zoo" folgen, im Stadtgebiet weiträumig ausgeschildert.

Wie Tour 7.

Wie Tour 7.

i Botanischer Garten, Dr.-Ziegenspeck-Weg 10, 86161 Augsburg, Tel. 0821/3246038, Fax 3246050.

9

Augsburg - DAV-Alpinzentrum

Eine neue „Bergwelt" hat die Sektion Augsburg des Deutschen Alpenvereins 1998 im Süden der Fuggerstadt nahe dem Siebentischwald geschaffen. Das Alpinzentrum soll vor allem Kindern und Jugendlichen Trainingsmöglichkeiten im Winter oder bei Schlechtwetter bieten. Doch werden gerade die Jüngsten auch im Sommer Spaß haben an der vom Gebäude abgesetzten Kletterpyramide, die im Winter in die Halle wandert, beziehungsweise Profis die außen befindliche, größtenteils überdachte Kletterfläche zu schätzen wissen. Auf 680 qm läßt sich hier bouldern und in verschiedenen Schwierigkeitsgraden klettern.

Der helle Innenbereich der Halle ist durch Stufen in zwei Ebenen unterteilt. In der oberen sind der Klettershop, die Caféteria und der 50 qm große Boulderbereich mit einem verstellbaren Abschnitt anzutreffen; auf der unteren Ebene hat man auf 550 qm eine elektromotorisch verstellbare Wand, den Übungs- und Wettkampf-Abschnitt eingerichtet. Von der bewirtschafteten Terrasse aus können die Eltern ihren Nachwuchs an der Kletterpyramide oder auch auf der Spielwiese beobachten, auf der große Felsbrocken herumliegen und zu ersten Versuchen herausfordern - denn welches Kind kann schon einen

Stein liegen sehen, ohne darauf herumzukraxeln! Kurse mit Schwerpunkt Jugend- und Ferienprogramm führen die Kinder ans richtige
Klettern heran. Für Gruppen und Schulen gibt es Sondertermine, Ma-
terial (außer Schuhen) kann geliehen werden.

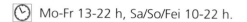

Toureninfos

🕐 Mo-Fr 13-22 h, Sa/So/Fei 10-22 h.

▦ Erw. DM 19,-, Kinder ab 6 J. DM 14,-; günstige 10er-, Monats-
und Jahreskarten. 25 % Ermäßigung für DAV-Mitglieder.

🔏 Caféteria mit kleiner Karte im Alpinzentrum.

P Parkplätze bei der Halle. Zufahrt über die alte B 17, vom Roten
Tor die „Haunstetter Straße" Richtung „Landsberg", Abzweig
„Sportanlage Süd".

🚃 Hauptbahnhof Augsburg: Tram 2, 3 zum Königsplatz, Tram 4,
Haltestelle „Siemens". Gegenüber zur „Sportanlage Süd"
(ca. 3 min).

👑 Kuhsee (Tour 6); Königstherme u. Gerfriedswelle siehe „Bäder".

ℹ️ Deutscher Alpenverein, Sektion Augsburg, Peutingerstr. 24,
86152 Augsburg, Tel. 0821/516780, Fax 151545.

Burgwalden - Rodelberg, „Engelshof"

Im Augsburger Naturpark, westlich von Bobingen, träumt im Anhauser Tal zwischen Fischteichen und Golf-Greens der Weiler Burgwalden vor sich hin. Doch manchmal kann es schon lebhaft werden, wenn an schönen Tagen Wanderer, Radler und Biergartenfreunde Einzug ins hübsche Tal halten oder im Winter die Kinder zum Schlittenfahren kommen. Dann wird auf dem Hügel hinter dem Kirchlein gerodelt mit allem was rutscht. Man geht vom Parkplatz unterhalb der Kirche geradeaus und den nächsten Weg rechts in fünf Minuten zum Rodelhang.

Ist der Schlittenspaß beendet, können wir noch eine kleine oder größere Wanderung anhängen, die - solange die weiße Pracht nicht zu hoch liegt - im Winter ebenso ein Vergnügen ist wie im Sommer. Dazu laufen wir rechts von der Kirche den Berg hinauf Richtung „Engelshof" und durch den Golfplatz in den Wald. Ein kurzes Stück steiler bergan, leitet uns oben an der Kreuzung das Schild geradeaus, bergab und aus dem Wald. Am Hang vor uns liegt bereits der Engelshof, bei dem sich im Sommer Gänse und Ziegen um einen kleinen Teich scharen und neben dunklen Rindern auch zottelige Schottische Hochlandrinder die ausgedehnten Wiesenflächen bevölkern. Im Biergarten oder der rustikalen Stube gibt's ein Eis für brave Wanderkinder, dann geht es auf gleichem Weg zurück.

Ist der Nachwuchs schon größer, läßt sich auch eine etwas längere Rundtour gestalten: An der Wirtschaft gerade vorbei, entdecken wir einen schmalen Pfad zwischen den Viehweiden. „Scheppacher Kapelle" steht ab nun angeschrieben, und durch die Senke geht es in den Wald. Wir bleiben auf dem Steiglein, bis rechts ein breiterer Weg sichtbar wird, der uns (ohne abzubiegen) zum Querweg geleitet. Auf diesem links, taucht bald schon ein Teich auf, in und an dem es allerlei zu entdecken gibt. Dahinter steht die kleine, einsame Kapelle, die eigentlich nur noch aus dem Chor einer vom Kloster Oberschönen-

feld vor fast 400 Jahren erbauten Kirche besteht (1865 abgebrochen). Beim Teich wenden wir uns links „Burgwalden" und marschieren links vom Kirchlein weiter, dann etwas steiler den nächsten
Buckel hinauf. Oben geht es geradeaus und wiederum durch
das Golfgelände hinab ins Anhauser Tal, dort links und erneut an
Teichen vorbei zum Parkplatz. Für Eltern mit Kinderwagen bieten sich
die gepflegten Spazierwege im Anhauser Tal in beiden Richtungen
an.

Toureninfos

km Kurzstrecke „Engelshof" ca. 1 Std.; - Rundtour ca. 2 Std.

🕐 „Engelshof" (Mi-Mo, im Winter Fr-Mo + Fei), „Waldgaststätte"
in Burgwalden (Mai-Sept Mo-So, Okt Di-So, Dez-Apr Mi-So).

P Wanderparkplatz in Burgwalden. Von Bobingen nach Straßberg,
dort rechts „Burgwalden".

👑 Freizeitbad Bobingen, Parkstr. 3 (Freibad Mai - Anf.Sept,
Hallenbad Ende Sept/Anf.Okt - Mai). Ortsmitte bei der Kirche
Beschilderung „Singoldhalle, Freizeitbad". Königstherme siehe
„Bäder".

11

Schwabmünchen -
Luitpoldpark

Sandeimer und Schaufel, alte Semmeln, Ball und Brotzeit - all das
brauchen wir für einen Ausflug in den Luitpoldpark am Westrand von
Schwabmünchen. Und im Winter einen Schlitten, denn gegenüber
dem Ententeich mit seinen baumbestandenen Brutinseln gibt es einen Rodelberg.

Viele Wege führen durchs Gelände, vorbei an Wiesen oder durch den Wald, teils entlang an Bächlein, die zu kleinen Seen gestaut sind. Darin tummeln sich verschiedene Fische, darauf schwimmen Enten und Gänse, manchmal gibt sich auch ein Schwanenpaar die Ehre. Hinter der Holzkapelle beim großen, schattigen Spielplatz betteln Ziegen um Futter. Im Goldfischteich steht eine reizende Bronzeplastik: ein Pärchen unterm Regenschirm. An den verschiedenen Futterhäuschen lassen sich im Winter die Vögel beobachten.

Ein weiterer rustikaler Spielplatz, ebenfalls mit Sandbereich, ist beim übriggebliebenen Schrebergarten zu finden. Toiletten und Brotzeitplätze sind auch vorhanden, ebenso eine kleine Kneippanlage. Hier können die Eltern im Bach Wassertreten, während die Kleinen selbstvergessen im Sand buddeln.

Toureninfos

km Rundgang ca. 1 Std.

P Am Nord- oder Südrand des Parks. Bei Kreisverkehr im Norden von Schwabmünchen „Bad Wörishofen, Buchloe", beim nächsten Kreisel mit der kleinen Kapelle „Schwabmünchen-Mitte", geradeaus zur Parkbucht gegenüber der Straßenmeisterei oder vor der Waldecke rechts „TSV-Sportanlage, Luitpoldpark" zum Parkplatz.

AVV-Bus 700, 721, Haltestelle „Altes Rathaus". Wenige Meter nördlich, beim Drogeriemarkt links „Luitpoldpark", Rechtskurve folgen, links über die Singoldbrücke, dann rechts Rad-/Fußweg und rechts Straße zum Park (ca. 10-15 min).

Freibad, Badstraße (Pfingsten - Mitte Sept). Vom Parkplatz die „Riedstraße" südlich, an Kreuzung mit Hauptstraße geradeaus.

i Stadtverwaltung Schwabmünchen, Fuggerstr. 50, Tel. 08232/ 96330, Fax 963323.

Zum Reiterhof gehören auch Hunde

12

Mickhausen - Reiterhof

Es ist schon ein herrliches Fleckchen Erde, das sich Familie Hurler im Südteil des Augsburger Naturparks für ihren Reiterhof ausgesucht hat. Idyllisch ziehen sich die Koppeln den Hang hinauf, oben liegt ganz im Grünen der Reitplatz mit schönster Aussicht bis Siegertshofen und auf die Ausläufer von Mickhausen. Hier finden die Reitstunden statt, dürfen kleine und große Gäste ihre Runden drehen, auf lustigen Ponys oder schönen Pferden. Wer bislang keine Reitkenntnisse hat, kann den Vierbeiner führen lassen. Am liebsten jedoch wird ausgeritten. Dann trabt die ganze Reiterschar bis zum Kloster Oberschönenfeld, wo ein Picknick geplant ist, nach Walkertshofen oder zum Grillplatz an der Fischacher Kneippanlage - und das nicht nur zur Sommerszeit; denn was kann schöner sein, als durch einen Winterwald zu reiten, wenn der Schnee unter den Hufen knirscht und glitzernde Diamanten auf Gräsern und Bäumen funkeln!

Bis vor wenige Jahre war das Anwesen noch eine Landwirtschaft mit 80 Kühen. Heute zählt der Reiterhof etwa 20 eigene und eingestellte Pferde sowie ein Pensions-Kamel, das - anfangs neugierig beäugt - inzwischen von den Pferden akzeptiert ist. Die Hunde bewachen nicht nur Haus und Hof, sondern sind auch die besten Spielkameraden der Kinder, für die es in den Schulferien ein eigenes Wochen-Programm gibt. Dabei übernachtet der Nachwuchs in Blockhütten, erhält Reitunterricht und Anleitung zur Tierpflege. Mit ausreiten darf, wer sattelfest ist. An der Kutschfahrt, dem Grillabend und Lagerfeuer können jedoch wieder alle teilnehmen.

Viel Mühe gibt man sich auch mit der Gestaltung von Kindergeburtstagen: Entweder fährt die ganze Gesellschaft mit der schönen Kutsche aus, oder die Ponys werden gesattelt, zum Reiten oder zu Reiterspielen, wie Würstchenschnappen, Geschicklichkeitsspiele mit dem Ball oder Hindernisläufe, alles vom Pferderücken aus. Auf Wunsch gibt's Kuchen (kann man auch mitbringen) und Getränke im Reiterstüble, oder es wird gegrillt.

Toureninfos

🕐 Täglich auf Anmeldung.

📅 Reiten 1 Std.: Erw. DM 25,-, Kinder DM 15,-.

🗙 Getränke und kleiner Imbiß im Reiterstüble.

P Am Reiterhof. An der Kreuzung im Norden von Mickhausen in die „Rosenstraße", Beschilderung „Reiterhof" folgen.

🚌 AVV-Bus 720, 722, Haltestelle „Mickhausen-Nord", wie die Autofahrer weiter (ca. 8-10 min).

i Reit- und Fahrverein Niederhof, Gerhard Hurler, Rosenstr. 11, 86866 Mickhausen, Tel. und Fax 08204/1520 oder 1550.

13

Oberschönenfeld - Ein „Erlebnis"-Kloster

Das Zisterzienserinnen-Kloster Oberschönenfeld im Augsburger Naturpark (südlich von Gessertshausen) bietet Anregungen für mehrere Ausflüge, und das zu jeder Jahreszeit, so daß man die Abtei wahrlich als „Erlebnis"-Kloster für die ganze Familie bezeichnen darf. Geht man vom Parkplatz zu den Gebäuden, kommt man bereits an einem ansprechend gestalteten Spielplatz vorbei. Nach der ersten „Toberunde" ist das Naturparkhaus die nächste Attraktion.

Im früheren Kuhstall sind neben ein wenig Heimatgeschichte alle Bereiche des 117.500 ha großen „Naturpark Augsburg - Westliche Wälder" vertreten: Pflanzen, Tiere, Geologie, Klima, Gewässer und lebendige Gegenwart. Glanzstück vom Alter her dürfte ein 4000 - jähriger Mooreichen-Wurzelstock aus dem Donauried sein, der mit der wohl größten nachgebildeten Wald-Feld-Landschaft Bayerns konkurriert. Welche Bäume echte oder künstliche Blätter tragen oder wo sich Fuchs und Igel verstecken, kann durchaus zum Familienspiel werden. Per Knopfdruck läßt sich das Gezwitscher der Vögel abrufen, auf die sich dann ein Scheinwerfer richtet.

Ein weites Thema ist der ganzen Vielfalt des Waldes und seinen Funktionen gewidmet, aber auch seiner Gefährdung. Spannend wird es in den Tastkästen oder an anderen Ratestationen. Eine Dia-Schau erläutert Tiere und Pflanzen im Naturpark. Für Schulen liegen Lehrmaterialien, Broschüren und Prospekte zu den Ausstellungsthemen bereit.

Nicht minder anschaulich gestaltet ist das Schwäbische Volkskundemuseum in den Ökonomiegebäuden gegenüber. Es berichtet vom Wohnen, Leben und Arbeiten auf dem Land, von den sozialen Beziehungen der Menschen und ihren kulturellen Ordnungen in der ersten Hälfte des 20. Jhs. Wohnstube, Schlafzimmer, Kammern und Küche sind aufgebaut und mit allerlei Mobiliar und Gerät bestückt, das viele

37

Eltern bzw. Großeltern noch aus eigener Anschauung kennen. Man bekommt Einblick in die damalige Ernährung, wer für welche Arbeiten zuständig war, und Video-Filme zeigen, wie das Brotbacken oder eine Hausschlachtung abliefen. Im ehemaligen Schafstall sind unter dem Motto „Von der Handarbeit zur Maschine" bäuerliche Geräte ausgestellt, darunter eine Lokomobile, Baujahr 1913, die früher beim Dreschen „Dampf machte". Naturparkhaus und Volkskundemuseum warten stets mit verschiedenen Sonderausstellungen und einem Ferienprogramm für Kinder auf. Einmal im Jahr ist großes Museumsfest.

Neben dem Naturparkhaus liegt der Brotladen der Nonnen, in dem es außer dem aus reinem Natursauerteig gebackenen Oberschönenfelder Holzofenbrot ein Sechskornbrot, Honig und Eier zu kaufen gibt. An der Klostermauer findet sich ein informatives Kräutergärtlein, gegenüber der Kirche, in der zur Advents- und Weihnachtszeit eine Krippe aufgebaut ist, ein schattiger Biergarten.

In der Remise wird samstags alle 14 Tage der Bauernmarkt abgehalten, bei dem Landwirte im Rahmen der Direktvermarktung ihre biologisch bzw. naturnah hergestellten Produkte anbieten, von Wurst- und Käsespezialitäten über Wild, Fische, Brot- und Backwaren bis hin zu „beerigen" Spezialitäten in flüssiger oder fester Form, Schafwollteppichen und kunstgewerblichen Gegenständen. Kleine Geschenke lassen sich auch im Buch- und Kunstladen des Klosters kaufen.

Begeben wir uns außerhalb der Mauern, steht hinter dem Spielplatz - gleich nach der Schwarzachbrücke auf der rechten Seite - ein weiteres Schmuckstück: das strohgedeckte Staudenhaus. Es stammt wahrscheinlich aus dem Jahr 1738, wurde 1974 im nahen Döpshofen abgebrochen und bis 1980 in Oberschönenfeld wieder aufgebaut. Das kleinbäuerliche Anwesen mit seinen ungleichen Traufhöhen ist ein typisches Haus der sogenannten „Staudenlandschaft", einem Teil des Augsburger Naturparks. Vor dem idyllischen Museumsstück hat man selbst den Bauerngarten nicht vergessen.

Hinter dem Staudenhaus nach rechts, beginnt ein Waldlehrpfad, auf dem wir zu Fuß zu einem überdachten Grillplatz gelangen, der sich südlich vom Kloster auch mit dem Auto anfahren läßt. Gleich beim Parkplatz im Wald steht die Grillhütte. Wendet man sich beim

Staudenhaus nach links, lassen sich bereits beim Gehöft in eingezäunten Gehegen Hirsche beobachten.

Auf dem Wanderweg oberhalb der Schwarzach Richtung „Gessertshausen" weiter, taucht bald darauf ein Teich auf und wenig später
ein großes Wildgehege. Diese beiden kurzen Spaziergänge sind auch
mit dem Kinderwagen zu absolvieren. Wanderfreudigen Familien sei
der markierte Klosterrundweg empfohlen, der ebenfalls hinter dem
Staudenhaus beginnt, auf schattigen Waldwegen verläuft und die
einsam gelegene Hubertuskapelle berührt. Er ist meist auch im Winter gut zu gehen.

Toureninfos

km Klosterrundweg ca. 2 Std.; - Spaziergang Wildgehege oder
Grillplatz ca. 30 bzw. 20 min.

🕐 Naturparkhaus und Volkskundemuseum Di-So 10-17 h; -
Staudenhaus Sa/So 13-17 h; - Brotladen Mo-Fr 9-11.30 h und
15-17.30 h, Sa 9-13 h (Vorbestellung möglich, Tel. 08238/1840);
- Bauernmarkt 14tägig 9-12 h (Faltblatt für Jahrestermine, Tel.
0821/430020).

Naturparkhaus und Volkskundemuseum: Erw. DM 4,-, Kinder ab
6 J. DM 1,-, Fam.Karte DM 9.-; - Staudenhaus: Erw. DM 2,-,
Kinder ab 6 J. DM 1,-.

🍴 „Klosterstüble" mit Biergarten (Di-So).

P Parkplatz an der nördlichen Klostermauer bzw. am Grillplatz
südlich vom Kloster.

🚌 AVV-Bus 605, Haltestelle „Oberschönenfeld".

i Museumsverwaltung Oberschönenfeld, 86459 Gessertshausen,
Tel. 08238/2002, Fax 2005; - Verein Naturpark Augsburg -
Westliche Wälder, Prinzregentenplatz 4, 86150 Augsburg, Tel.
0821/3102278, Fax 3102209.

Gessertshausen - Trampi-Kinderland

Ganz schön laut geht es zu, im „Trampi-Kinderland" am östlichen Ortsrand von Gessertshausen. Doch das gehört zur Philosophie, sollen doch die Kinder hier selbst aktiv sein, spielen, toben, hüpfen und sich nicht nur - trotz einiger Fahrgeschäfte wie Eisenbahn, Disco-Scooter oder Autos - passiv bewegen.

Die Eltern sind übrigens eingeladen, mitzumachen. Insbesondere die Trampolins und Hüpfburgen kommen bei allen Altersgruppen gut an, und welches „Kind im Manne" (oder in der Frau) hat nicht Spaß daran, mal wieder im Sand zu buddeln - selbstverständlich nur, weil Klein-Agnes nicht allein spielen möchte! 300 cbm Sandlandschaft hat man aufgeschüttet und mit Türmen, Klettergärten, Schaukeln, Rutschen und Sandspielhaus versehen. Daneben zeigt sich in der 2500 qm großen, beheizten Halle schnell, wer Meister ist beim Basketball oder Minigolf, auf dem Bolzplatz, der Dschungelrutsche oder an den Tischtennisplatten.

Doch alles ist schnell vergessen, wenn Mama mit einer großen Schüssel frischer Pommes frites ankommt. Dann stürzen die lieben Kleinen zu einer der Sitzgruppen, die überall zwischen den Spielgeräten stehen, zum Ausruhen und Aufpassen für die Eltern, sofern letztere sich nicht gerade beim Tischfußball oder auf einer der Kegelbahnen vergnügen.

Das hauseigene Bistro ist in puncto Karte und Preise speziell auf Kinder ausgerichtet, doch darf eigene Verpflegung jederzeit mitgebracht werden. Für die Allerjüngsten steht ein Baby-Wickelraum zur Verfügung. Ab Mitte Mai öffnet zusätzlich das Freigelände mit Terrasse und Biergarten.

Zum unvergeßlichen Tag wird eine Geburtstagsfeier im Kinderland, auch für Mama, die so dem häuslichen Chaos entgeht. Auf Wunsch ist der reservierte Tisch kindgerecht gedeckt, verschiedene Essen -

von Würstchen bis Kinderschnitzel - lassen sich aus einem der Komplettangebote wählen. Doch darf Klein-Otto auch hier sein Geburtstagsmenü mitbringen oder die Torte mit den Kerzen vorantragen.

Toureninfos

🕐 Alle Wochenenden, Ferien- und Feiertage 10-19 h, Fr bis 22 h; Schultage Mi 9-19 h, Do 14-19 h, Fr 14-22 h. Kindergärten, Schulen, Vereine etc. auch nach Vereinbarung.

Erw. DM 6,- (an Schul-Do frei), Ki. DM 10,-, Clubmitglieder halber Preis.

🗙 Bistro im Haus.

P Parkplatz am Kinderland. B 300 nach Gessertshausen, dort beschildert.

AVV-Bus 600, 601, 604, 605, 706, 707, Haltestelle „Hauptstraße", Richtung Diedorf und rechts in die „Eichenstraße" (ca. 10 min). - Bahnhof Gessertshausen: zur Ortsmitte, an der Hauptstraße links weiter wie Busfahrer (ca. 15 min).

Siehe Tour 17.

ℹ Trampi-Kinderland, Eichen-/Pappelstr. 1, 86459 Gessertshausen, Tel. 08238/4675, Fax 2504.

Info

Erlebnistouren im Augsburger Naturpark und von der Donau bis zum Ammersee finden Sie in
Radwandern „Augsburg und Umgebung"
Mit Stöppel unterwegs - ISBN 3-924012-39-3

Diedorf -
Volkssternwarte

Schaut man nachts zum dunklen Himmel, sind die unzähligen Lichtpunkte der Sterne ganz weit weg. Blickt man durch eines der Teleskope der Volkssternwarte, rücken der Mond oder die Planeten unseres Sonnensystems dem Betrachter schon recht nah. Noch näher bringt sie eine Dia-Schau, die mit Fotos von Raumsonden bestückt ist. Dazu erläutern Mitglieder der Astronomischen Vereinigung Augsburg alles Wissenswerte; Kinder - und auch Erwachsene - dürfen jederzeit Fragen stellen.

Nach dem Lichtbildervortrag geht es hinauf zu den Fernrohren, die auf dem Dach der Diedorfer Schule - in deren Obergeschoß ist die Sternwarte untergebracht - im Freien stehen. An kühlen Abenden also keinesfalls die Jacke vergessen! Anschließend treffen sich alle wieder in der Planetariumskuppel, wo anläßlich der Kinder- und Ferienprogramme ein kleines Quiz mit Verlosung stattfindet. Danach wird es dunkel, und zwischen 2500 und 3000 Leuchtdioden zaubern unseren Sternenhimmel über die Köpfe der gespannten Zuschauer. Dieses Leuchtdioden-Planetarium ist einmalig in Europa und auch insofern eine Besonderheit, als alles selbst entwickelt und gebaut wurde.

Ein Relikt aus den frühen Jahren der Astronomie steht im Vorraum: ein alter Refraktor (Linsenfernrohr) aus der Zeit um 1850 mit Fraunhofer-Objektiv - ein anschaulicher Gegensatz zum 45-cm-Newton-Reflektor, mit dem der Blick in die Weite des Universums bis in ferne Galaxien möglich ist. Es liegt auch einiges an Literatur auf, Bücher und Kartenspiele können erstanden werden. Ein Modell unseres Sonnensystems veranschaulicht die Größenverhältnisse der Planeten untereinander. Verschiedentlich werden Kurzvorträge über allgemeine oder spezielle anstronomische Themen gehalten, manchmal geht es auch um Astrophysik. Solche Veranstaltungen werden in der Tagespresse veröffentlicht, ebenso lassen sich Sondertermine für Schulen und Kindergärten vereinbaren.

Auf der „Dschungel-Rutsche" (Tour 14)

Toureninfos

🕐 Mo und Fr ab 20 h.

In der Regel freier Eintritt.

P An der Sternwarte. Von der B 300 am Ortsbeginn von Diedorf (von Augsburg her) an der Ampelkreuzung links abbiegen in die „Pestalozzistraße", Schild „Rathaus, Sternwarte", Straße bis zur Höhe folgen.

Bahnhof Diedorf: aus dem Gebäude und rechts die „Bahnhof-straße" zur Hauptstraße, dort links, dann rechts „Rathaus, Sternwarte". An der Vorfahrtstraße geradeaus bis zur „Pestalozzistraße", diese rechts bergauf (ca. 15 min).

i Astronomische Vereinigung Augsburg e.V., Pestalozzistr. 17 a, 86420 Diedorf, Tel. 08238/7344.

Biburg -
Spielplatz am Föhrenberg

Mitten im Wald liegt die Spiel- und Liegewiese am Föhrenberg, zu der man direkt hinfahren könnte. Wir wollen das Vergnügen jedoch in eine kleine, schattige Rundwanderung einbinden und packen neben Brotzeit und Getränken auch einen Ball mit in den Rucksack, was für die Kinder bereits recht aufregend ist; doch wir machen's spannend und verraten vorher nichts vom Spielplatz. Bei trockenen Wegen und kräftigen Oberarmen ist der Weg auch mit Kinderwagen zu absolvieren.

Vom Steineberg-Parkplatz starten wir zur Straße, gehen vorsichtig hinüber und halten uns an den breiten Forstweg Richtung „Biburg, Diedorf", bis wir beim Wasserbehälter oberhalb von Biburg ins Freie kommen. Hier nehmen wir die Busfahrer mit und folgen den Wanderschildern „Rommelsried, Willishausen, Diedorf".

Vorbei an einer kleinen Kapelle unter uralten Linden spazieren wir mit schönem Blick auf Diedorf am Waldrand bergab. Bei der Wegeteilung halten wir uns rechts an das Radelzeichen und marschieren hinunter zum Wegedreieck. Nun rechts „Horgau, Zusmarshausen", bringt uns später an einer Gabelung der rechte Weg zur Spielwiese mit überdachten Rastplätzen, Klettergeräten, Schaukel, Rutschen, Sandplatz und einer Fußballtorwand.

Nach ausgiebigem Herumtoben und der verdienten Brotzeit machen wir uns wieder auf den Weg: beim Parkplatz rechts zur Straße und gegenüber weiter „Rommelsried, Rundweg im Lindacher Forst". Es geht leicht aufwärts, wir folgen der Rundwegbeschilderung im Rechtsbogen, oben rechts und gleich wieder links. Später, an einer Kreuzung, verlassen wir diese Markierung und gehen geradeaus „Zum Steineberg-Parkplatz". Busfahrer kehren wie Tourbeginn zurück zum Wasserbehälter und links hinab nach Biburg.

Toureninfos

 Ca. 1 - 1,5 Std.

 In Biburg „Zum Hirsch" (an der Rommelsrieder Straße, Mi-So).

 Wanderparkplatz an der Straße Biburg-Rommelsried. B 10 Augsburg-Ulm, in Biburg abzweigen „Dinkelscherben", oben im Wald Steineberg-Parkplatz P 51 bzw. Straße weiter direkt zum Spielplatz.

 AVV-Bus 506, 507, 510, Haltestelle „Biburg, Post". Am Gasthof vorbei in die „Dorfstraße", links „Diedorfer Straße" und geradeaus Wanderschilder „Willishausen" hinauf zum Wald und zur Kapelle.

 Siehe Tour 17.

17

Dinkelscherben - Pfad der Sinne

Wer hat schon mal mit geschlossenen Augen den Geräuschen des Waldes gelauscht, auf einer Waldorgel gespielt, wie ein Eichhörnchen Vorräte angelegt oder barfuß mit verbundenen Augen unterschiedliche Bodenbeläge erraten? Möglich macht das der „Pfad der Sinne", der Familien, Gruppen oder Schulklassen nicht nur Spaß am Spiel und Gemeinschaftserleben eröffnen, sondern auch die Sinne für die unmittelbare Natur schärfen soll. Der Pfad wurde 1997 angelegt und verläuft (nicht mit Kinderwagen) im bewaldeten Hang unterhalb des Kreisjugendheims, dem „Landrat Dr.-Wiesenthal-Haus". Um die einzelnen Stationen in aller Ruhe zu absolvieren, benötigt man jedoch gut 2 Stunden. Schulklassen und Gruppen, die größer sind als 15 Personen, sollten aufgeteilt werden. Im übrigen empfiehlt es sich, einen Tag vorher anzurufen; denn wenn zu viele Anmeldungen vorliegen und der Weg überlastet ist, hat keiner mehr so recht Spaß an der Freud'.

Zuerst begibt man sich ins Büro des Heims und nimmt die Utensilientasche mit der Spielanleitung in Empfang. Rechts oder links ums Haus herum geht es zum Pfad, auf dem 13 Stationen eingerichtet sind. Je nach Wetter, z.B. bei Kälte oder Nässe, darf auch die ein oder andere Aufgabe ausgelassen werden. Wer einen Wettbewerb daraus machen will, kann natürlich auch Stift und Papier einstecken und Punkte vergeben. Anschließend kehrt man zurück ins Jugendheim und gibt die Tasche wieder ab. Ist die Freude an der Natur erwacht, läßt sich - vom Heim zur Straße und etwa 200 m rechts - noch der rollstuhlgerechte und somit auch für Kinderwagen geeignete Naturlehrpfad erkunden. Hier beim kleinen Teich beginnt auch der Trimmpfad, auf dem nach dem Geistestraining ein zusätzliches Muskeltraining zum Ganzkörper-Wohlbefinden verhilft.

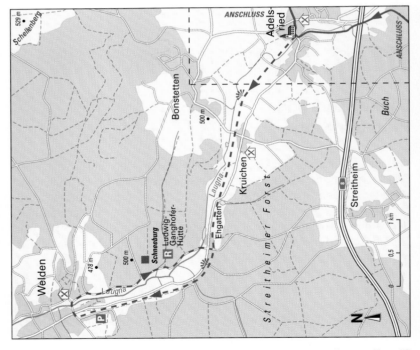

Karte zu Tour 18

46

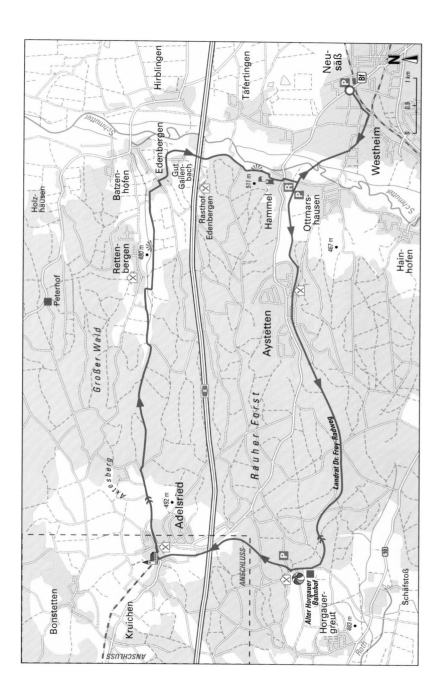

km Pfad der Sinne ca. 0,5 km. - Naturlehrpfad ca. 1,2 km.

🕐 Ganzjährig. Anmeldung 1 Tag vorher empfehlenswert.

P Am Kreisjugendheim oder Wanderparkplatz ca. 300 m nördlich. Im Ort an der Kreuzung bei der Kirche die „Burggasse" hinauf „Dr.-Wiesenthal-Haus" bis zum Heim auf der Höhe, oder am östlichen Ortsrand in die „Kohlstattstraße" und gleicher Beschilderung folgen zum Wanderparkplatz, Naturlehrpfad und zum Haus.

🚃 Bahnhof Dinkelscherben: vom Bahnhofsplatz zur Querstraße, diese rechts bis zur Kreuzung vor der Kirche, geradeaus die „Burggasse" bergan, vorbei am großen Parkplatz zum kleineren beim Waldfreibad, dort rechts die Treppen hinauf „Kreisjugendheim" (ca. 30 min).

🛁 Waldfreibad (Mitte Mai-Mitte Sept), Zugang/-fahrt s.o.

ℹ️ Landrat-Dr.Wiesenthal-Haus (Kreisjugendheim), Burggasse 100, 86424 Dinkelscherben, Tel. 08292/1059.

18   Karte S. 46/47

Neusäß - Weldenbahntrasse

Alte, aufgelassene Bahntrassen eröffnen ein besonderes Radelvergnügen; so auch die einstige Weldenbahnlinie, die in Neusäß bei Augsburg beginnt. 1903 wurde die Bahnstrecke angelegt und 1990 zum rund 22 km langen „Landrat-Dr.Frey Rad- und Wanderweg" umfunktioniert. Je nachdem, wie alt oder leistungsfähig Ihre Kinder sind, haben Sie mehrere Möglichkeiten, die Tourenlänge zu variieren.

Vom Parkplatz auf dem gepflasterten Weg um das heckengezäunte Grundstück herum, gelangen wir über ein paar Stufen hinunter zur Hauptstraße und Ampel. Zusammen mit den Bahnfahrern hinüber, benutzen wir den links der Straße verlaufenden Rad-/Fußweg, der bald schon in die Trasse übergeht. Ein wenig Vorsicht ist angesagt bei den beiden nächsten Straßenquerungen, doch dann nimmt das Vergnügen seinen Lauf. Sanft gleiten wir hinab ins Schmuttertal, queren drei Holzbrücken und finden bei Ottmarshausen einen Park- und Rastplatz (mit Tischtennisplatte), der sich ebenfalls als Toureinstieg eignet (ca. 4 km weniger).

Nun strampeln wir gemächlich, aber ständig aufwärts nach Aystetten und durch grüne Felder zum Scheitelpunkt im Wald, wo wir länger bergab rollen, bis nach einem Rechtsbogen am alten Horgauer Bahnhof die Kleinen am Ziel sind. Im „Waldcafé" gibt's zu essen und zu trinken, selbstverständlich auch ein Eis, und wer beim Bergaufradeln nicht gemeckert hat, darf nebenan eine Runde Minigolf spielen. Auf der Trasse geht es wieder zurück.

Wer weiterfährt, bleibt auf der Spur der früheren Weldenbahn, unterquert die Autobahn und kommt nach Adelsried mit der hochgelegenen Kirche und zum Schild „Radweg Ende". Hier gibt es zwei Möglichkeiten:

1) Sind die Kinder ausdauernd, folgen wir geradeaus den Radwegweisern. Die Trasse beginnt wieder und führt durchs schöne Laugnatal nach Welden. Am Ende geht es noch etwas geradeaus und nach dem Gasthof am alten Bahnhof rechts die „Talstraße" hinab, über die Bachbrücke und rechts in die „Schwarzbrunnenstraße" Richtung „Bonstetten", immer geradeaus und in den Wald. Beim Wanderparkplatz nehmen wir den oberen Weg, lesen am Fuß des Hügels die Erklärungstafel über die Schneeburg und kommen zur Ganghoferquelle und Ganghoferhütte. Das schmucke Blockhaus (der Schriftsteller Ludwig Ganghofer verbrachte seine Jugendjahre in Welden) lädt ein, die mitgebrachte Brotzeit zu verzehren. Am Waldrand weiter, rechts hinaus nach Ehgatten und links auf der Radeltrasse zurück bis Adelsried, können Sie entweder die Bahnstrecke zurückfahren nach Neusäß oder - auf der Hauptstraße links, vor der Rechtskurve links und wie nachstehend weiter - nun noch in den Rundkurs einsteigen.

2) Wer nicht bis Welden radelt, fährt in Adelsried auf der Hauptstraße gleich rechts. Vor der scharfen Rechtskurve biegen wir vorsichtig links („Heretsried, Bonstetten") und sofort wieder rechts ab. Die Wanderschilder „Peterhof, Edenbergen" schicken uns bergan aus dem Ort. Das Sträßchen macht einen Linksbogen, hier radeln wir geradeaus bergauf in den Wald. Oben rechts „Edenbergen, Rettenbergen" und gleich links „Rettenbergen", rollen wir auf dem Forstweg länger abwärts, hinaus in ein romantisches Wiesental, auf dem Querweg links und dann gleich wieder rechts, auf Rettenbergen zu.

Es beginnt Asphalt, an der Linkskurve nehmen wir geradeaus den Feldweg. Er führt im Rechtsbogen abwärts, dann halten wir uns links und radeln an der Bank unter den Birken rechts auf dem Teersträßchen nach Edenbergen. Die Straße geradeaus, müssen wir einen kurzen Berg hinauf, oben bei den alten Linden (Naturdenkmal) links, dann rechts abwärts „Gailenbach, Täfertingen". An der Kreuzung fahren wir geradeaus, wenig später unter der Autobahn durch, danach rechts und links immer am Waldrand weiter.

Wir schnaufen hinter den Wochenendhäusern nochmal etwas bergan und kommen zu Pferdekoppeln hinterm Schloß Hammel (privat). Danach lassen wir die Räder hinabrollen zur Straße (Vorsicht!), folgen ihr wenige Meter nach links und biegen rechts ab nach „Ottmarshausen" zum Parkplatz am Radelweg. Links geht es zurück nach Neusäß.

Als Kleinkinder- oder Wanderrunde bietet sich der Start in Welden an. Tourverlauf wie unter 1) beschrieben, allerdings in Ehgatten auf der Trasse rechts zurück nach Welden. Die guten Wege lassen sich auch mit Kinderwagen und im Winter absolvieren.

Toureninfos

 Nur Horgauer Bahnhof („Waldcafé") ca. 20 km. - Welden-Rettenbergen (1) ca. 45 km. - Adelsried-Rettenbergen (2) ca. 28 km. - Kleinkinder- bzw. Wanderrunde Welden ca. 5 km.

🕐 Minigolfplatz etwa März-Okt (je nach Wetter).

In der Western-City (Tour 23)

☒ Nahe der Trasse in Aystetten, „Waldcafé" am alten Horgauer Bahnhof (Mi-So), in Adelsried und Kruichen, mehrere in Welden, in Rettenbergen (hinter der Kirche), mit Biergärten.

P Parkplatz in Neusäß nördlich des Bahnhofs: vom Augsburger Zentralklinikum kommend nach der 2. Unterführung an der Ampel rechts in die „Ortliebstraße"; - oder: in Hammel vor der Auffahrt zum Schloß links nach Ottmarshausen, zum Parkplatz an der Trasse.

🚉 Bahnhof Neusäß: auf der Westseite zur Straße und rechts durch die Unterführung zur Ampel.

👑 Gerfriedswelle und Königstherme siehe „Bäder".

ℹ Verein Naturpark Augsburg - Westliche Wälder, Prinzregentenplatz 4, 86150 Augsburg, Tel. 0821/3102278, Fax 3102209.

19

Peterhof - Waldlehrpfad, Minigolf

Westlich von Gersthofen liegt recht einsam am Wald der Peterhof, dessen gleichnamige Gaststätte bei Ausflüglern und Wanderern sehr beliebt ist. Die Kinder zieht es zunächst wohl mehr auf den Minigolfplatz, spätestens jedoch nach der kleinen Wanderrunde über den Naturlehrpfad, der - etwa 100 m noch in Richtung Heretsried - beim Wanderparkplatz im Wald beginnt.

Von der Übersichtstafel begeben wir uns nach rechts auf den durchweg aufgekiesten Rundkurs. Wir erfahren von den schön gestalteten Tafeln u.a., daß es in Mitteleuropa heute weniger als 100 Baumarten gibt, während in den klimatisch vergleichbaren Gebieten Nordamerikas gut die fünffache Zahl wächst. Dann geht es bergab und im Talgrund entlang. Es werden Bäume erklärt, beispielsweise die Roterle, der Faulbaum, Eichen, Tannen und Buchen, außerdem Waldnamen, die auf die frühere Köhlerei im Augsburger Naturpark hinweisen. Erst Mitte des 19. Jhs. wurde mit dem Beginn der industriellen Entwicklung der Hauptenergieträger Holz durch die Steinkohle abgelöst.

An einer Kreuzung müssen wir links bergan. Hier studieren wir Tafeln über den Wald und seine Funktionen, über Bodenvegetation, Tiere, Farne und Gräser und sehen, daß auch ein toter Baum vielfältigen Lebensraum bietet. Passend dazu hören wir einen Specht hämmern. Vor den unglaublichen Leistungen der kleinen roten Waldameise versinken wir fast in Ehrfurcht: 20.000 Schadinsekten vertilgen sie pro Tag und Volk, und auch ihr soziales Gefüge ist bemerkenswert.

Kurz darauf schließt sich die Runde, die bei wenig Schnee auch als hübscher Winterspaziergang zu absolvieren ist, und nun steht die Tür zum gastlichen „Peterhof" offen, wo Sie Ihrerseits etwas „vertilgen" dürfen - damit der Wirt auch seine Freude hat!

Toureninfos

🔲 **km** Waldlehrpfad 1,8 km.

🕐 Minigolfplatz etwa Mai-Sept.

🔲 „Waldgaststätte Peterhof" mit Biergarten (Di-So).

P Am „Peterhof". Im Augsburger Naturpark an der Straße zwischen Hirblingen/Batzenhofen und Heretsried; B 2 Abfahrt „Gersthofen-Stadtmitte" (siehe Karte S. 47).

🚌 AVV-Bus 502, Haltestelle „Peterhof".

👑 Gerfriedswelle siehe „Bäder".

20

Langweid-Foret - Pippolino-Freizeitpark

Clown Pippolino und sein Freund, der Löwe Lionel, sind die Maskottchen des Freizeitparks in Langweid-Foret, nördlich von Gersthofen. Hier ist immer etwas geboten - nicht nur für den Nachwuchs, sondern auch für Erwachsene: z.B. der Jazzfrühschoppen, Biergartenbetrieb oder abendliche Musikveranstaltungen. Doch Hauptpersonen sind natürlich die Kinder, und die finden viel Platz zum Spielen und Toben im Gelände mit seinem alten Baumbestand, auf der großen Aktions-Freifläche, an die sich im Kiefernwäldchen ein 18-Loch-Minigolfplatz anschließt. Bei Schlechtwetter findet das Vergnügen in der Halle statt.

Sandspielplätze drinnen und draußen beschäftigen die Kleinsten, die zwischendurch mit der bunten Eisenbahn ein paar Runden drehen oder auf die hübschen Kinderkarussells klettern wollen. Die etwas größeren dürfen schon durch die Röhre rutschen, Ferraris und Jeeps selber lenken, in der Riesenhüpfburg herumtollen oder sich im Tor-wandschießen üben. An warmen Tagen sind die Bumper-Boats im Pi-raten-Schiff der Renner, auch Hängematten sind heiß begehrt.

Neben den ständigen Einrichtungen, zu denen sich immer wieder Neues gesellt, bietet der Pippolino-Park eine Reihe von Aktionen: Mal- oder Schminktage, Schatzsuche, Märchen, Pippolino's Clown-spiele, Kindertheater, Grillfeste oder Selbstverteidigungskurse. All-jährlich gibt es die Kinder-Rittertage, ein Erlebnis-Wochenende mit Gauklern und Rittern und den Augsburger Landsknechten. Dann werden Buden aufgebaut und ein Prunkzelt, in dem der Nachwuchs mit den Rittern in Rüstung essen darf.

Auf der Aktionsbühne finden mittelalterliche Tänze sowie die Prämie-rung der kleinen Ritter statt, die sich vorher auf der Turnierfläche ge-messen haben: im Kampf mit Schwert und Schild, im Ringewerfen oder Lanzenstechen vom (geführten) Pony aus oder im Armbrust-schießen auf eine Scheibe. Jedes Kind wird zum Ritter geschlagen und bekommt einen Preis. Abends sitzen alle ums Lagerfeuer und las-sen die Ereignisse des Tages Revue passieren.

Nicht weniger beliebt sind Geburtstagspartys mit „Minni-Vanillis-Dampfnudeln" oder anderen „Menüs". Die Hauptperson bekommt ein kleines Geschenk, ansonsten haben alle Geburtstagskinder an ih-rem Ehrentag freien Eintritt. Die ständige Speisekarte enthält eine Ex-tra-Seite „Hits für Kids". Einen Baby-Wickelraum gibt es auch. Wer den Kindergeburtstag zu Hause feiern möchte und entsprechend Platz hat, kann auch den Vermietservice für Karussells oder Hüpf-burgen in Anspruch nehmen, zusätzlich werden Schaustellerbuden für öffentliche Veranstaltungen, Vereins- oder Kinderfeste verliehen. Hunde sind im Park übrigens nicht erlaubt.

Toureninfos

 Apr-Okt tägl. 10-19 h.

 Erw./Kinder ab 3 J. DM 9,-, viele Ermäßigungstarife, ab 17.30 h freier Eintritt; Fr (nicht an Feiertagen) Familientag zum halben Preis.

„Piraten" im Pippolino-Freizeitpark

P Parkplätze am Parkeingang. A 8, Ausfahrt „Augsburg West", B 2 „Nürnberg, Donauwörth" nach Stettenhofen, dort Richtung „Langweid-Foret" in die „Parkstraße" und „Pippolino"-Beschilderung folgen.

VGA-Bus 51, 54 (von Augsburg Hauptbahnhof), Haltestelle „Michalke". Entgegengesetzt zur B 2 und rechts zum Park (ca. 5 min).

Gerfriedswelle siehe „Bäder".

i Pippolino Freizeitpark GmbH, Weberstr. 2, 86462 Langweid-Foret, Tel. 0821/473251, Fax 473286.

Gersthofen - Ballonmuseum

Das Ballonmuseum macht vielleicht den ganz Kleinen nicht den gleichen Spaß wie den größeren Kindern, doch wecken die schönen bunten Bilder aus den Anfängen der Ballonfahrt, Miniatur-Ballone oder ein kompletter Ballonkorb auch das Interesse dieser Altersklasse. Ein anschließender Besuch im Erlebnisbad oder Freizeitpark wäre der gerechte Ausgleich.

Daß der alte, weithin sichtbare Wasserturm in Gersthofens Mitte nicht den geplanten Hochhäusern weichen mußte, ist dem renommierten Augsburger Ballonfahrer Alfred Eckert zu verdanken, der seine aeronautische Sammlung mit über 1000 Exponaten der Stadt Gersthofen zur Verfügung stellte. 1985 konnte das Museum eröffnet werden, in dem man erlebt, „wie der Mensch an den Himmel kam".

Eine Wendeltreppe führt durch die fünf Ebenen der Ausstellung, die zunächst Einblick in die Frühgeschichte der Ballonfahrt gibt. Bewundernde Blicke gelten vor allem der Nachbildung des berühmten Luftgefährts der Brüder Montgolfier. Der 2. Stock umfaßt die Zeit von 1784 bis 1870. Im 3. Geschoß wird die Neuzeit der Freiballon-Ära dargestellt. Ein Ballonkorb mit Netz - eine Rekonstruktion des Geräts der ersten Ärmelkanalüberquerung - ist an der Decke montiert und läßt die Funktion des Ventils sowie die Reißbahn erkennen.

Die 4. Etage widmet sich der Forschung und dem Vorstoß in die Stratosphäre. So erreichte bereits 1931 der Schweizer Physiker Auguste Piccard in einer druckfesten, mit Wasserstoffgas aus den Gersthofener Hoechst-Werken gefüllten Aluminiumkugel eine Höhe von über 15.000 Metern.

Zum Thema „Am Himmel ohne Motor" gehören auch Fallschirm und Segelflugzeug. Außerdem wird der Ballon als Motiv in der zeitgenössischen Kunst präsentiert. Eine Videothek hält Filme über die Ballonfahrt früher und heutzutage bereit. Vom höchsten Stockwerk lohnt allein schon der prächtige Rundblick übers Lechtal und auf die Augsburger „Skyline" das Erklimmen der 126 Stufen. Am nördlichen Rand von Gersthofen läßt sich das Ballonsportgelände entdecken, das mit einer ganzen Reihe von Alpenüberquerungen und spektakulären Weitfahrten verbunden ist und auf dem noch immer weltweit die meisten Gasballone starten.

Toureninfos

🕐 Sa/So/Fei 10-18 h.

Erw. DM 4,-, Kinder ab 6 J. DM 2,-.

P Am Museum. A 8, Ausfahrt „Augsburg-West", B 2 „Nürnberg, Donauwörth", Abfahrt „Gersthofen-Stadtmitte", rechts in die „Bahnhofstraße".

Alle grünen VGA-Busse fahren (auch vom Augsburger Hauptbahnhof) die Haltestelle „Rathausplatz" in Gersthofen an. Von dort durch die „Bahnhofstraße" zum sichtbaren Wasserturm.

Gerfriedswelle siehe „Bäder".

i Ballonmuseum, Bahnhofstr. 10, 86368 Gersthofen, Tel. 0821/ 2491135, oder 24910.

Aussichtsreich wandern und gemütlich einkehren mit dem Stöppel-Freizeitführer 921

Wirtshauswandern „Allgäu"

Mit Stöppel unterwegs - ISBN 3-924012-50-4

57

22

Friedberg - Baggersee

Verläßt man Augsburg Richtung Osten, liegt in der Ebene zwischen Hochzoll und Friedberg ein Baggersee. Doch nicht irgendeiner der üblichen, denn auf ihm kann man mit Hilfe eines Lifts Wasserskilaufen: privat, im Verein, anläßlich von Meisterschaften oder im Rahmen der Ferienprogramme. Es gibt diverse Preisstaffelungen und für den, der's erst erlernen will, Ausbildungskurse.

Jeder muß schwimmen können. Die Kinder sollten soweit selbständig sein, daß sie bei einem Sturz in der Lage sind, die Ski mitzunehmen zu einer der Inseln, von der sie dann das Boot zurückholt. Am Startplatz versorgt ein kleiner Kiosk die Besucher mit Würstchen und Getränken. Schwimmweste und Ski werden gestellt; als neuester Trend natürlich auch Wakeboards - eine Mischung aus Snowboard und Wasserski - für alle, die spektakuläre Sprünge lieben. Und wer's mag, kann sich sogar im Knien auf einem Brett übers Wasser ziehen lassen.

Doch auch nur zum Zuschauen bzw. Baden läßt sich der Friedberger Baggersee ansteuern. Außerhalb der Liftzone gibt es einen separaten Schwimmbereich, das Ufer fällt mäßig ab. Liegewiesen und ein größerer Kiosk bzw. die Terrasse eines Restaurants sorgen für Wohlbefinden, Bolzplatz und Tischtennisplatte für weitere sportliche Betätigung, die sich im Winter aufs Eislaufen bzw. Eisstockschießen beschränkt.

Toureninfos

 Mai Mo-Fr 14-19, Sa/So 12-19 h, Juni-Mitte Juli Mo-Fr 13-19 h, Sa/So 11-19 h, Mitte Juli-Ende Aug tgl. 11-19 h, Ende Aug-Mitte Sept Mo-Fr 13-18 h, Sa/So 11-18 h, Mitte-Ende Sept Mo-Fr 15-18 h, Sa/So 13-18 h. See frei zugänglich.

Wasserski auf dem Baggersee

Punkte-, Stunden- oder Tages-Karten. Preisbeispiel: 20-Punkte-Anfänger-Karte Erw.15,-, Kinder bis 15 J.12,- DM; 2-Std.-Karte 35,-, Tageskarte 65,-; Leihanzüge 5,-/10,- DM.

Kiosk am Lift und im Badebereich, Restaurant am See.

P Parkplatz am See. Zwischen Augsburg-Hochzoll und Friedberg an der Ampelkreuzung Richtung „Stuttgart, Lechhauser Straße", rechts „Seestraße", dann geradeaus zu den Parkplätzen.

VGA-Bus 36, AVV-Bus 200, 208, Haltestelle „Unterm Berg". Entgegengesetzt zur Ampel beim Möbelhaus-Schild durch den Parkplatz gegenüber, Pfad den Rain hinauf, vorsichtig (!) über die Straße und Weg durch Felder, auf der „Seestraße" geradeaus (ca.10 min).

i Wasserskianlage Friedberg, Seestraße, 86316 Friedberg, Tel. 0821/602741, Fax 662640.

23

Dasing - Western-City

Nördlich der Autobahnausfahrt Dasing pfeift der Wind über die Prärie, sucht der Marshal unartige Eltern oder Kinder per Steckbrief und sperrt sie ins Gefängnis. Gegen eine Entlassungsurkunde für zwei Mark darf der kleine oder große Sünder weiter durchs Gelände stapfen. Da ist es schon gut, wenn man sich im General-Store erstmal passend ausrüstet, denn als Indianer oder Cowboy fällt man in der Western-City weniger auf.

Doch auch im normalen T-Shirt wird es spannend, wenn die Tonband-Stimme von Fred Rai - als singender Cowboy auf seinem Pferd „Spitzbub" durch weltweite Fernseh- und Bühnenauftritte sowie Schallplatten bekannt - im Museum Geschichten aus dem Wilden Westen erzählt oder auf dem großen Platz das Spiel aus der Geschichte Amerikas erläutert. Dabei singt Trapper-Joe ein Lied, reicht der Indianer-Häuptling die Friedenspfeife, bis Lieutenant Mandy mit der Cavalry einmarschiert oder ein Revolverheld seine Schießkünste zeigt. Dann knallen auch mal die Colts, doch auf ketchupverschmierte Stunts wartet man hier zum Glück vergebens.

Das würde auch nicht zur Ideologie von Fred Rai passen, der das gewaltlose, schmerzfreie Reiten, das „Rai-Reiten" ohne Peitsche, Sporen und Trense, ins Leben gerufen hat und versucht, es möglichst vielen nahezubringen. So können Kinder wie Erwachsene diese Art des Reitens, lediglich mit einem leichten Schnurhalfter, erlernen, das ihnen in den Shows rund ums Pferd gezeigt wird, als Harmonie zwischen Mensch und Tier.

Im Theater läuft ein vom ARD-Fernsehteam auf Fred Rai's Ranch in Arizona gedrehter Film. Dort kann man Urlaub machen bzw. einen Aufenthalt auch gewinnen, wenn man verschiedene Aufgaben in der Western-City löst, darunter Lasso- und Hufeisenwerfen, an dem

Kinder wie Eltern auch ohne den ersten Preis ihren Spaß haben. Manchmal tritt der Chef auch persönlich auf: Im Longhorn-Saloon auf seinem „Spitzbub" singt er die schönsten Western-Lieder, bevor es wieder hinausgeht auf den Platz zur Fuzzy- oder Westernshow.

Für Geburtstagsfeiern wird der Tisch gedeckt mit Kuchen und Kakao, und es warten neben einem tollen Geburtstagsgeschenk ein Freiritt durch die City sowie Spiele und Aktivitäten für alle. Doch manchmal gibt es auch Tränen in der Western-City, Abschiedstränen, wenn die Kinder zur Ferienwoche gebracht werden, und Abschiedstränen, wenn sie nach sieben Tagen dem Abenteuerleben mit Reitunterricht, vielen Spielen und Lagerfeuer-Romantik wieder „ade" sagen müssen.

Toureninfos

🕐 Ostern - 1. Nov, Fr-So 10-18 h, Schulferien Mo-So 10-18 h, Gruppen nach Vereinbarung.

Erw. DM 10,-, Ki. ab 4 J. DM 8,-

Westernsaloon, Mexico-Café, Grillstation in der Western-City.

P Parkplätze am Gelände. A 8, Ausfahrt „Dasing", B 300 „Aichach, Western-City". Wenn die Western-City auftaucht, weist kurz darauf Pfeil nach rechts, unter der Straße durch und links zur City.

Freibad in Aichach (Mai-Sept). B 300 Abfahrt „Aichach-West, Stadtmitte"; Baggerseen (Tour 22 und 24).

ℹ Fred Rai Western City, Neulwirth 3, 86453 Dasing, Tel. 08205/ 225, Fax 1084.

Aichach -
Radersdorfer Baggersee

Der Radersdorfer Baggersee nördlich von Aichach läßt sich bequem mit dem Auto anfahren, und zwar von der B 300 hinein nach Kühbach, bei der Kirche Richtung „Inchenhofen" und über Paar nach Radersdorf, vor der Bahnlinie links zum Restaurant „Seestuben", dort links zum Badestrand.

Wir wollen jedoch eine nette Radeltour daraus machen, und dazu starten wir vom Aichacher Bahnhof geradeaus - bzw. von den Parkplätzen am Schwimmbad auf der Querstraße rechts Richtung „Stadtmitte" - direkt auf die Kirche zu. Kurz zuvor links in den „Jakobiweg", kommen wir zu einem Kirchlein, fahren dort rechts und als nächstes links „Paarplätze, Flugplatz". Nun strampeln wir immer geradeaus, die „Flurstraße" zum Ort hinaus. Es beginnt ein autofreies Teersträßchen, und links im Grünen fällt der Flugplatz eigentlich erst auf, wenn gerade ein Segelflieger startet oder landet. So geht es durchs hübsche Paartal, bis sich die Straße verbreitert und wir wieder mit Autos rechnen müssen. Anschließend folgt eine scharfe Linkskurve.

Tip: Familien mit kleineren Kindern bleiben besser auf dem Sträßchen, fahren nach Walchshofen und rechts an der Kirche vorbei, dann immer geradeaus - auch in Großhausen an der Kreuzung - auf Teerwegen zum Baggersee (Radschilder „Paartaltour"). Auf gleichem Weg zurück, wie Haupttour.

Mit größerem Nachwuchs wollen wir die Tour ein wenig ausdehnen. Dazu biegen wir an der Linkskurve beim Flurkreuz unter den Birken rechts in den Feldweg ein und radeln leicht bergan zum Wald, wenige Meter durchs Wäldchen, dann wieder am Rand entlang. Kurzzeitig ist der Weg etwas sandig. Man sieht hinüber nach Aichach und ab der Waldecke bereits den Kirchturm von Kühbach, auf den die Räder zurollen. Es beginnt wieder Asphalt, und in Kühbach nehmen wir den

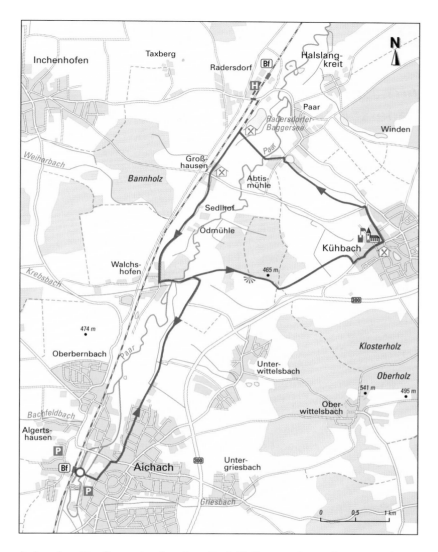

links der Straße verlaufenden Rad-/Fußweg. So gelangen wir zu
Schloß und Kirche; gegenüber liegt der Brauerei-Gasthof „Peterhof".
Dahinter schlagen wir links die Richtung „Inchenhofen, Radersdorf,
Paar" ein. Den folgenden Rad-/Fußweg verlassen wir direkt beim
Schild „Großhausen", indem wir durch die Heckenrosen schlüpfen
und drüben beim Sägewerk weiterfahren. Nach wenigen Metern len-

ken wir rechts in einen ungeteerten Weg, der sich durch die Felder zieht. Die Baumreihe zur Rechten markiert einen Bachgraben. Ein Haus taucht auf, bei dem uns ein idyllischer Teich erwartet. Auf der Querstraße rechts, auf die Kirche von Paar zu, wenden wir uns gleich wieder links, kreuzen die Paar und können kurz darauf ins Wasser hüpfen.

Der „Radersdorfer Baggersee" besitzt eine große Liegewiese mit einem kleinen Sandstrand davor, in dem die Kleinen mit Eimerchen und Schaufel zu Werke gehen. Das Ufer fällt flach ab, das Ende des Nichtschwimmerbereichs ist markiert. Wer mit dem Auto kommt, kann auch das Schlauchboot mitnehmen und auf dem See herumpaddeln. Eine Wasserwacht-Station sorgt für Sicherheit, ein Kiosk für Eis, Pommes Frites, Getränke. Gleich daneben, in den „Seestuben", gibt es richtiges Essen. Bei schönem Wetter wird im Sommer auf der Terrasse gegrillt (Mi-So ab 17 h). Ist das Wasser im Winter dick genug gefroren, kann man hier auch Schlittschuhlaufen.

Von der Badewiese radeln wir am Restaurant vorbei und links in den autofreien Teerweg („Paartaltour"). Er führt neben der Bahnstrecke entlang und nach Großhausen. An der Kreuzung wäre nochmal ein Gasthof mit Biergarten, ansonsten geht es geradeaus in die „Walchshofener Straße". Wir kommen an einem Reitplatz vorbei, anschließend nach Walchshofen. Dort passieren wir die Kirche und folgen links dem Radschild. Erneut queren wir die Paar, treffen auf das Flurkreuz unter den Birken und fahren nach der Rechtskurve auf bekanntem Weg schnurgerade hinein nach Aichach, bis zur Hauptstraße und rechts zum Kirchlein, dort links, dann rechts zum Bahnhof bzw. Parkplatz am Schwimmbad.

Toureninfos

km Ca. 19 km; - direkte Strecke ca. 8 km.

In Kühbach und Großhausen, „Seestuben" am Baggersee (Saison Mo-So, etwa Sept/Okt - Apr/Mai Mi-So).

P In Aichach P 4 am Schwimmbad bzw. Parkplatz am Bahnhof (nach dem Schwimmbad links). B 300, Abfahrt „Aichach-West,

Stadtmitte", Richtung „Donauwörth, Rain" und „Unterbernbach". - Für Autofahrer Parkplätze am Baggersee.

 Bahnhof Aichach. - Ohne Rad zum Baggersee: Mit Zug bis
Bahnhof Radersdorf, von dort die „Bahnhofstraße" südlich, links
über die Gleise und rechts zu den „Seestuben", links zum Strand
(ca. 15-20 min). Oder AVV-Bus 240, 241, Haltestelle „Radersdorf, Abzweig Unterbernbach", zur Kreuzung, links über die
Gleise und weiter wie Zugfahrer (ca. 10-15 min).

25

Höfarten - Peters Ponyhof

Ein Stück östlich von Aichach liegt im grünen Hügelland der Weiler
Höfarten und dort an der Kreuzung neben der kleinen Kapelle Peters
Ponyhof. Hier darf jeder aufs Pferd, der zumindest sitzen kann, ange-
fangen vom Zweijährigen, dessen Pony oder Kleinpferd von den Eltern geführt wird - eine Tafel am Stall erklärt in Wort und Bild, wie
man's macht - bis hin zur sechzigjährigen Reitschülerin.

Unterricht wird ab acht Jahren erteilt, verschiedene Reiterprüfungen
und der Reiterpaß können erworben werden. Kleine und große Pfer-
deliebhaber dürfen sich das ganze Jahr über das passende Pferd auf
der Koppel abholen, es putzen und satteln, und dann geht es - je
nach Können - auf den Reitplatz oder ab in die Wälder. Für geübte
und sattelfeste Reiter bietet der Hof auch mehrtägige Wanderritte
an, mit Flußüberquerung, Orientierung nach Karte und Kompaß oder
Western-Geschicklichkeitsreiten. Auf Wunsch wird im Freien übernachtet.

Ganz toll für Kinder ist natürlich eine Ferienwoche auf dem Hof. Dabei geht es um den Umgang mit den Tieren, Pferde- und Geräte-
pflege und praxisnahe Schulungen. Viel Spaß machen die Reiter-
spiele, die mehrstündigen Ausritte oder eine Planwagenfahrt. Bevor
die Heimreise angetreten wird, zeigen die Kinder in einer kleinen Vor-
stellung, was sie gelernt haben.

Außerhalb der Schulferien finden Reiterwochen für Anfänger und Fortgeschrittene statt. Mit dem Planwagen kann man auch sonst fahren, in Gruppen bis zu 12 Personen, z.B. bei einem Kindergeburtstag oder Schul- bzw. Kindergartenausflug. Dann werden auf Wunsch auch Ponys oder Pferde mitgenommen, und abwechselnd dürfen die Kinder ein Stück auf dem Vierbeiner nebenher traben. Die ganz Kleinen finden auf dem Hof noch Spielgeräte vor: eine Sandkiste, Schaukel, Kletterburg und ein Kinderkarrussel. Im Reiterstüble gibt's Getränke und Kleinigkeiten zu essen, an schönen Wochenenden wird gegrillt.

Derzeit stehen an die 40 Pferde beim Peter, große und kleine, dicke und dünne, darunter die braven Haflinger und helle Norweger. Katzen und vier Hunde tummeln sich im Areal, eigene Hunde dürfen nicht hinein. Und wenn eine helle Kinderstimme mit „Hallo Mama" zu hören ist, auf die eine tiefe mit „Ja" antwortet, dann unterhalten sich gerade die beiden Beos in der Voliere.

Toureninfos

🕐 Mo-Mi und Fr ab 15 h (Schulferien ab 9 h), Sa/So/Fei ab 9 h; für Spezialprogramme Anmeldung erforderlich.

💰 Preisbeispiele: Ponyführen DM 7,- bis DM 14,-; - Ausritt Pony/ Pferd DM 14,- bis DM 20,-; - Planwagen DM 65,-.

🍴 Kleine Bewirtung im Ponyhof.

🅿 Am Ponyhof. B 300, Ausfahrt „Aichach-Ost". Gleich links Richtung „Schiltberg" und immer geradeaus nach Höfarten zur Kreuzung mit Kapelle.

🚌 AVV-Bus 243, Haltestelle „Höfarten". Zum Ponyhof an der Kreuzung (ca. 2-3 min).

🛁 Freibad in Aichach (Mai-Sept), B 300 Abfahrt „Aichach-West, Stadtmitte"; Baggersee (Tour 24).

ℹ Peters Ponyhof, Peter Dinauer, Höfarten 12, 86576 Schiltberg-Höfarten, Tel. 08259/1003, Fax 1780.

Die „Klostermüllerin" schöpft Büttenpapier

26

Thierhaupten - Klostermühlenmuseum

Im westlichen Ortsteil von Thierhaupten dreht sich noch eines der einstmals vier Mühlräder im Wasser der Friedberger Ach bzw. es dreht sich wieder, denn von 1959 bis zur Eröffnung als Mühlenmuseum (1997) nach rund zweieinhalbjähriger Sanierungszeit stand die über 500 Jahre alte „Reitermühle" - benannt nach dem letzten Besitzer Josef Reiter - still. Barbara Seidenschwann hatte den Mut, sie aus ihrem Dornröschenschlaf zu wecken, vor dem Verfall zu bewahren und als Technikdenkmal der Allgemeinheit zugänglich zu machen. Neben der Getreide- und Papiermühle hat man 1998 auch eine Ölmühle eingebaut, denn über Jahrhunderte hinweg sind am Klostersitz Thierhaupten vier Mühlen nachgewiesen, zu denen noch eine

Sägemühle gehörte. So waren seinerzeit die Be- und Verarbeitung eigener Produkte und damit eine gewisse Unabhängigkeit garantiert, zudem sprudelte die Geldquelle für die Äbte. Eine Broschüre erzählt ausführlich die Geschichte der vier Klostermühlen und beschreibt in Wort und Bild ihre Technik.

Der Rundgang beginnt mit der Getreidemühle, doch richtig lebhaft wird es erst, wenn das Hadernstampfwerk der Papiermühle in Betrieb geht. 60 kg wiegt so ein eisenspitzenbewehrter Holzhammer, der die Lumpen (Hadern) zu einem Faserbrei zerkeinert, welcher in eine Bütt' mit frischem Wasser kommt. Daraus schöpft man eine dünne Masse, die auf einem Filz abgegautscht (ausgepreßt) und als Blatt Papier zum Trocknen auf die Leine gehängt wird. Neben der teilweise rekonstruierten Getreidemühle, die sich bis zum Plansichter, einer mechanischen Siebanlage, im Dachaufsatz erstreckt, stehen Säcke mit Grieß, dem Endprodukt Mehl und dem Abfall Kleie.

Früher gab es hier vier Mühlen nebeneinander, angetrieben von den besagten vier Wasserrädern. Anfangs wurde mit Mühlsteinen gemahlen, später mit Walzenstühlen. Schäl- und Reinigungsmaschinen sowie die Abfüllanlage befinden sich in den nächsten Stockwerken. Selbst die alte Nähmaschine, auf der die Säcke genäht oder geflickt wurden, ist noch vorhanden. Interessant ist auch das aufliegende Fotoheft über die Wiederherstellung der Mühle.

In den einstigen Zimmern bekommt der Besucher Einblick in die Frühgeschichte der Mühlen, vom Zerreiben des Getreides auf einem Stein bis zu den ältesten Wassermühlen in Kleinasien oder die keltischen Handdrehmühlen. Anschaulich demonstriert ein Modell, wie eine spätmerowingische Wassermühle im 8. Jahrhundert n. Chr. aussah.

Ein Raum bleibt wechselnden Sonderausstellungen vorbehalten. Es lohnt, noch hinüberzugehen auf die andere Bachseite, von der das Mühlrad gut zu sehen ist. Hier sind auch die verschiedenen Arten der Wasserräder erklärt. Außerdem gibt es - falls Sie nicht in einem der Thierhauptener Gasthöfe einkehren möchten - neben der Brücke einen kleinen Rastplatz für die Brotzeit, bei der die Erwachsenen gleich den „Thierhauptener Mühlengeist", einen in der Mühle erhältlichen Kräuterlikör, probieren können.

Toureninfos

🕐 Mai - Mitte Okt. Di/Do 9-12 h, Mi/Fr/So/Fei 14-17 h.

Erw. und Kinder DM 3,-.

P Am besten in der „Herzog-Tassilo-Straße", Wegweiser „Kloster-mühlenmuseum". B 2, nördlich von Meitingen Abzweig „Thierhaupten, Pöttmes".

AVV-Bus 410, Haltestelle „Herzog-Tassilo-Straße". Richtung Ortsmitte und abbiegen zum „Klostermühlenmuseum" (ca. 3 min).

i Klostermühlenmuseum Thierhaupten, Franzengasse 21, 86672 Thierhaupten, Tel. 08271/1769, Fax 816777.

27

Gansheim - Boschenmühle

Östlich von Donauwörth, idyllisch ins Usseltal gebettet, liegt nicht weit von Gansheim der „Erlebnis-Bauernhof Boschenmühle". Was so anders ist, sind bereits die riesigen Koppeln, die den Tieren zur Verfügung stehen und sich den ganzen Hang hinaufziehen bis zum Wald. Ein ausgeschilderter Wanderweg bzw. der Reitweg führen drumherum, und so lassen sich die Pferde, Auerochsen, Wasserbüffel, Heidschnucken und Damhirsche gut beobachten.

Außerdem pflegt der Hof die Gastlichkeit mit einer gemütlichen Wirtsstube und einem Biergarten, von dem aus die Eltern den großen Spielplatz und somit die Kinder im Blick haben. Zwischen diversen

Spielgeräten stehen Volieren mit Ziervögeln und Taubenhäuser, tummeln sich Pfauen und „Streichel"-Ziegen. Zur Menagerie gehören ferner Hängebauchschweine, Meerschweinchen, Eichhörnchen, Hasen und die großen Hofhunde, weshalb fremde Hunde nicht ins Areal dürfen. Im Stall flitzen Schwalben umher, über die Köpfe der Besucher sowie der Ponys und großen Pferde, die für den Ausritt bereits gesattelt sind. All das ist zudem ein schöner Rahmen für einen Kindergeburtstag, zu dem man den Kuchen auch mitbringen darf.

Besonders interessant und lebhaft wird es jeden zweiten Sonntag im Monat, wenn die Bauern der Umgebung zum Kleintiermarkt kommen. Dann werden verschiedene Arten von Hasen, Hühnern, Enten, Gänsen, Tauben und Ziegen, oft als niedliche Tierbabys, feilgeboten. Dazu gibt es allerlei Zubehör rund ums Tier und hauseigene Bratwürste vom Grill. Doch auch sonst lohnt es, die Hausmacher-Wurstsorten oder den Sonntagsbraten einzukaufen, denn aufgrund der gesunden, langsamen Aufzucht der Tiere bekommt der Verbraucher hier erstklassige Ware - so wie man es vom Bauern kennt.

Toureninfos

km Wanderweg ca. 1 Std., Reitweg 0,5 Std.

🕐 Ganzjährig Fr-So 10-22 h, Schulferien Mi-So. - Kleintiermarkt jd. 2. So im Monat 10-12 h.

🐎 Ponyreiten DM 10,-, Pferd DM 12,-. - Kleintiermarkt DM 1,-.

☒ Hofgaststätte mit Biergarten.

P Parkplatz vor der Boschenmühle. In Marxheim Richtung „Gansheim", durch Schweinspoint und Gansheim, dann „Rennertshofen".

i Martin Kirner, Boschenmühle 1, 86688 Gansheim, Tel. 09097/ 1715, Fax 920450.

Auf Paddeltour unterhalb der Harburg (Tour 29)»

Donauwörth - Käthe-Kruse- Puppenmuseum

Eigentlich begann alles damit, daß sich das „Mimerle", die erstgeborene Tochter von Käthe Kruse, 1905 eine Puppe wünschte. Der Vater und Künstler, Max Kruse, fand jedoch nur die handelsüblichen starren Puppen mit Porzellankopf, was ihn veranlaßte zu sagen: „Macht Euch selber welche!" So kam es, daß Käthe Kruse ihre ersten, weichen und beweglichen Puppen fabrizierte, die bald so berühmt waren, daß sie professionell gefertigt werden mußten, und die ganze Generationen von Kindern liebten. Die ersten Werkstätten standen in Bad Kösen an der Saale, nach dem Krieg gab es zwei im Westen, in Bad Pyrmont und Donauwörth. 1949 legte man die Produktion in Schwaben zusammen, und bis heute werden im Städtchen an der Donau Puppen im Sinne von Käthe Kruse überwiegend in Handarbeit hergestellt.

Der Gang durchs Museum im einstigen Kapuzinerklolster ist ein Spaziergang durch das Leben von Max und Käthe Kruse, durch die Ära handgefertigter Puppen und der Werkstätten, aus denen sie hervorgingen. Die teils sehr alten Puppenkinder hat man in hübsch gestaltete Räume, Puppenhäuser oder natürliche Szenen gestellt, z.B. in die Schule, in den Sandkasten oder vor die Donauwörther Stadtkulisse. Kostbare Schaufensterpuppen, deren Fertigung bis 1958 parallel lief, sitzen im Fotoatelier, und auf Knopfdruck tanzen Ballerinapüppchen im Papiertheater. Beim Kaufmannsladen mit der eleganten Wohnung darüber drehen sich hinter einem Vergrößerungsglas verschiedene Märchenbilder: Hänsel und Gretel, Rotkäppchen, Aschenputtel oder Frau Holle. Ein abrufbarer Video-Film enthält Originalinterviews mit Käthe Kruse.

Durch den Innenhof erreicht man den Raum für Sonderausstellungen, in dem bis zu drei Themen im Jahr wechseln. Im Foyer gibt es neben allerlei von und über Käthe Kruse auch Spielzeug zu kaufen, darunter original Holzspielzeug aus dem Erzgebirge. Hingewiesen sei noch auf den alljährlich stattfindenden Schwäbisch-Werder Kindertag in Donauwörth, bei dem über 1000 Kinder in historischen Kostümen das Bilderbuch der Stadtgeschichte aufschlagen.

Toureninfos

Mai-Sept Di-So 11-17 h, Nov-März Mi/Sa/So/Fei 14-17 h, Apr/ Okt Di-So 14-17 h. - Schwäbisch-Werder Kindertag meist 1. So im Juli.

Erw. DM 4,-, Kinder ab 6 J. DM 2,-.

P Parkplätze vor dem Museum gegenüber der ev. Kirche (werktags mit Parkscheibe, So frei). B 2, Ausfahrt „Donauwörth, Stadtmitte". Hauptstraße durch den Ort, Beschilderung „Käthe-Kruse-Puppenmuseum".

Schwaben-Bus 9107, Haltestelle „Pflegstraße, Ev. Kirche". - Bahnhof Donauwörth: nördlich zur „Bahnhofstr.", rechts, dann links über die Wörnitzbrücke, durchs Riedertor ins Zentrum, links „Reichsstr.", rechts „Pflegstr." (ca. 15 min).

Beheiztes Freibad auf dem Schellenberg mit 90-m-Rutsche (Mai-Sept). - Naherholungsgebiet „Baggersee" an der B 16 Richtung Dillingen.

i Käthe-Kruse-Puppenmuseum, Pflegstr. 21 a, 86604 Donauwörth, Tel. 0906/789148. - Städt. Tourist-Information, Rathausgasse 1, 86609 Donauwörth, Tel. 0906/789145, Fax 789222.

Donauwörth - Paddeltouren

Um Donauwörth erstreckt sich das größte zusammenhängende Fließwassergebiet Süddeutschlands - ein Paradies für alle Bootswanderer und solche, die es werden wollen. Die ruhigen Gewässer sind selbst für Einsteiger kein Problem und bieten somit auch die Möglichkeit, einen zünftigen Kindergeburtstag mit der Familie oder Freunden des Sprößlings zu feiern. Wer kein eigenes Boot besitzt: Den wasserdichten Untersatz gibt es beim Bootsverleih, der Kajaks oder Canadier bereithält, darunter ein richtiges Indianerkanu für 3-4 Personen.

Unter den Flüssen und Flüßchen, wie Donau, Kessel, Zusam und Schmutter, haben wir als Beispiel einen Tagesausflug auf der Wörnitz ausgesucht: Bei der historischen Brücke in Harburg wird das Boot eingesetzt, und gemütlich geht es unter der hochaufragenden Burganlage dahin, in schier endlosen Windungen durch die im Flußbereich nahezu unberührte Natur. Graureiher geben sich die Ehre, in Einschneidungen und Altwässern ist der Biber zu Hause, und sogar die in allen Farben schillernden Eisvögel schwirren ab und an übers Wasser. Nach etwa zweieinhalb Stunden ist in Wörnitzstein an der alten Steinbrücke die halbe Strecke geschafft. Eine Pause tut gut, zumal sich direkt am Fluß ein großer Rast- und Kinderspielplatz findet. Nach dem Picknick erschließt weiterhin Bogen um Bogen die urwüchsige Landschaft, bis es am Beginn von Donauwörth „aussteigen" heißt.

Normalerweise ist hier die Fahrt zu Ende. Wer noch Zeit und Kondition hat, kann nach der (nicht sichtbaren) Mühle und dem Wehr das Boot nochmal einsetzen und durchs romantische Städtchen bis zur Mündung der Wörnitz in die Donau und wieder zurückpaddeln zum Ausstiegsplatz (wegen der geringen Strömung möglich), wo zur vereinbarten Stunde bzw. auf Anruf der Abholdienst wartet. Die meisten Boote lassen sich bereits mit einem Kleinwagen transportieren, Haltebänder gibt's zum Boot. Gegen Aufpreis wird man zurückgebracht zum Ausgangspunkt. Auch Mehrtagesfahrten, die mit Zelt zu einem besonderen Abenteuer werden, sind möglich; beispielsweise in drei oder vier Tagen die Donau stromabwärts, durch die Kreidefelsen des Donaudurchbruchs bis Kehlheim. Vorherige Anmeldung und Reservierung ist in jedem Fall ratsam, da oftmals alle Boote unterwegs sind.

Toureninfos

Ganzjährig möglich, Hauptzeit Mai-Sept.

Leihboote z.B. DM 40,- bis 60,-/Tag, DM 80,- bis 110,-/3 Tage; Schwimmweste DM 5,-. Bei Mehrtagesfahrten Kaution.

P Im Firmengelände (B 2 bzw. B 16, Ausfahrt „Donauwörth-Süd, Stadtmitte") oder Parkplatz in Harburg an der Schiffswiese (bei der alten Steinbrücke).

i Kanuladen & Bootsverleih Purtec GmbH, Alte Augsburger Str. 12, 86609 Donauwörth, Tel. 0906/8086, Fax 7061050.

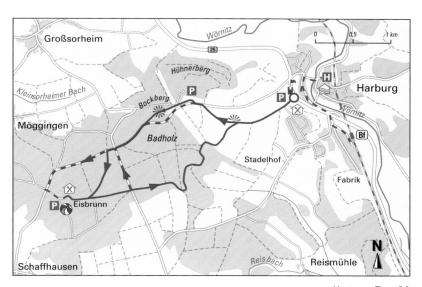

Karte zu Tour 30

Harburg - Burganlage, Fürstliche Waldschenke

Die gewaltige Harburg hoch über dem Wörnitztal ist eine der ältesten, größten und besterhaltenen Burgen Süddeutschlands. Sie liegt an der Romantischen Straße, am strategisch wichtigen Juradurchbruch der Wörnitz, und wurde erstmals 1150 in einer Urkunde genannt. Damals war sie Reichsburg der Stauferkaiser und gehört seit dem 13. Jh. den Fürsten von Oettingen und Wallerstein.

Allein kann man sich nicht auf Entdeckungsreise durch die alten Gemäuer begeben, doch wird im Rahmen einer Führung alles gezeigt und erklärt: die zum Teil begehbare Wehrmauer mit den Schießscharten, die Waffenkammer, der Gefängnis- und Diebsturm, die Bastei, die für Kinder vielleicht etwas weniger interessante fürstliche Kunstsammlung sowie der aus historischen Bauteilen wieder errichtete Brunnen im Burghof. Der Nachwuchs darf das Burgherren-Quiz lösen und sich anschließend von Mama und Papa oder (bei Schulklassen) vom Lehrer/in zum Ritter oder Burgfräulein ernennen lassen.

Etwa Mitte Juli findet im Zweijahresrhytmus das historische Burgfest statt, das die Zeit der Minnesänger, Lanzen und Schwerter, Landsknechte und Ritter, der Gaukler, Zauberer, Spielleute und Tänzer wieder aufleben läßt.

Nach der Besichtigung bietet sich die nette kleine Wanderung zur „Fürstlichen Waldschenke Eisbrunn" an: Vom Parkplatz oberhalb der Burg laufen wir bergan und geradeaus zum aussichtsreichen Hügel mit dem Wasserbehälter, von dem sich ein eindrucksvoller Blick auf die gewaltige Anlage bietet. Zumindest bis hierher lohnt auch der Spaziergang mit dem Kinderwagen. Wir kommen zur Straße, und nehmen links den alten, lindengesäumten Weg daneben. Gleich nachdem er endet, müssen wir rechts und beim Schild „Landschaftsschutzgebiet" links (roter Pfeil bzw. blaues M/D Main-Donauweg-Schild) zwischen Wacholderbüschen den Pfad hinauf zum felsigen Gipfel des Bock (542 m). Vom Kreuz aus schauen wir nach Donauwörth und in die Donauebene, andererseits läßt sich bei guter Sicht sehr genau der Rieskraterrand erkennen.

Auf der anderen Seite gehen wir hinab zur Straße und folgen ihr bis zur Kreuzung im Wald. Wenige Meter noch geradeaus, führt links ein schmaler Pfad zwischen die Bäume „Waldschenke Eisbrunn". Rote Pfeile geleiten uns zu einem breiten Weg, auf diesem links, an der Gabelung rechts weiter. Wieder beginnt ein markierter Steig, der einen Forstweg quert. Auf dem nächsten breiten Weg sind es nur noch wenige Meter rechts zum idyllischen Gasthaus. Sie führen durch ein parkähnliches Gelände, Reste des 1834 gegründeten Pflanzgartens.

Täfelchen verraten die Namen der seltenen Bäume, und die Kinder stürmen mit Begeisterung den schönen Spielplatz. Nach der Brotzeit marschieren wir zunächst die gleiche Richtung zurück, dann aber immer geradeaus, auch an der Straßenkreuzung. Danach geht es bergab und im Linksbogen um den Hügel herum. Nach einer weiteren langgezogenen Linkskurve haben wir vor uns eine Holzhütte. Noch davor, zwischen den Holzbezeichnungen „Sorheimer Schlag" und „Ranken" spazieren wir rechts den schmalen Steig abwärts, unten rechts den Waldweg entlang und ins Freie. Kurz am Waldrand weiter und links hinauf auf den Wacholderhügel, führt ein Weg rechts um ihn herum zum Burgblick und auf bekannter Strecke zurück zum Parkplatz.

Bei wenig Schnee ist die Wanderung - evtl. unter Auslassung des Bock-Gipfels - auch wintergeeignet.

Die Radler können die Tour wie die Wanderer beginnen, müssen ab der Lindenallee jedoch auf der Straße bleiben und dieser an der Kreuzung im Wald geradeaus folgen zur Waldschenke. Auch den Rückweg teilen sie zunächst mit den Wanderern, doch geht es an der Straßenkreuzung links zur bekannten Kreuzung, dort rechts auf dem Hinweg zurück (Abweichungen von der Wanderroute sind in der Karte gestrichelt).

km Wanderung ca. 2 Std. - Radstrecke ca. 8 km.

🕐 Burgführungen 16. März - Sept Di-So 9-17 h (auch Oster- und Pfingst-Mo), Okt Di-So 9.30-16.30 h. - Nächstes Burgfest: 2000.

Erw. DM 7,-, Kinder ab 6 J. DM 4,-.

⊠ „Fürstliche Burgschenke" in der Burg (Di-So), „Waldschenke Eisbrunn" (Mai-Okt tägl., Nov-Apr Do-So bzw. je nach Wetter auch Mo-Mi), beide mit Biergarten.

P Parkplätze an der Burg. B 25 (Romantische Straße), Abfahrt „Harburg-Stadtmitte" und Schildern „Harburg" folgen.

🚌 Bahnhof Harburg. Nördlich immer gerade hinein ins Städtchen zum Marktplatz (ca. 15 min), dort vor dem Fachwerkhaus links „Fußweg zum Schloß" (steiler Aufstieg, nicht für Kinderwagen, ca. 10 min). - RBA-Bus 8831 und Osterrieder-Bus 7, Haltestelle „Grasstraße". Über die alte Steinbrücke in den Ort zum Marktplatz und weiter wie oben.

👑 Hallenbad auf der Ostseite der Wörnitz, Schulstr. 2 (Di-Sa, Schulferien geschlossen) - Freibad siehe Tour 28, 31.

i Verkehrsamt, Schloßstr. 1, 86655 Harburg, Tel. 09080/969922, Fax 969930. - Schloßverwaltung, Tel. 09080/96860.

Reitplatz in Mickhausen (Tour 12) »

Wemding -
Waldsee, Reiterhof

Nordöstlich von Wemdings historischer Altstadt liegt, eingebettet in lauschiges Grün, der Waldsee, der zum Campingplatzgelände gehört, jedoch für Besucher zugänglich ist. Sobald Badewetter herrscht, läßt sich hier ein schöner Familientag verbringen. Große Liegewiesen auf der Sonnenseite des See-Ufers, Sprungturm, Nichtschwimmerbereich und eine 71 m lange Rutsche sorgen für Badevergnügen, ein Kiosk mit Terrasse am Ufer fürs leibliche Wohl. Der Kinderspielplatz mit Schaukeln, Rutschen und Sandkasten auf dem Campingplatz darf ebenfalls benutzt werden. Man kann ein Ruderboot ausleihen und

über den See schippern oder sich auf dem Spiel- und Bolzplatz austoben. Wem's nicht genügt: Auf der anderen Uferseite wartet im Wald noch ein Trimmpfad.

Am Weg von Wemding zum See liegen noch weitere Betätigungsmöglichkeiten: Der Reiterhof Steinle besitzt einen überdachten Reitplatz, dazu kleine und große Pferde für Reiter jeden Alters. Es werden auch Kutschfahrten im schönen Umland durchgeführt. Als nächstes folgt ein Natureislaufplatz mit Flutlicht und Umkleidekabine und eigenem Eisstockplatz. Außerdem gibt es am Rand der Altstadt - an der Ampelkreuzung (siehe P) geradeaus und gleich rechts - noch einen Minigolfplatz mit kleinem Spielplatz.

Toureninfos

🕐 Waldsee: Ende Mai-Sept tägl.10-20 h. - Reiten auf Anmeldung. - Eislaufen: Mo-Fr 14-16.30 h, Sa 13-16 h, So 13-16.30 h.

Waldsee: Erw. DM 3,-, Kinder 5-15 J. DM 2,-; - Reiten: Erw. DM 15,-/45 min, Kinder DM 12,-/30 min, Kutsche DM 70,-/1 Std.; - Eislaufen: Erw. DM 3,50, Kinder 6-14 J. DM 1,50.

⊠ Kiosk am Waldsee, Restaurant im Campingplatz.

🅿 Parkplätze am Minigolf- und Eislaufplatz sowie Waldsee. In Wemding Richtung „Neuburg, Monheim, Campingplatz", an der Ampelkreuzung rechts (geradeaus zum Minigolf), vor dem Kirchlein links „Waldsee" in die „Wolferstädter Straße", später rechts „Waldsee".

🚌 Osterrieder Bus 8.1, 7, 6, 5, 2.1, Haltestelle „Mangoldstraße". Entgegengesetzt zur Kirche zur Ampelkreuzung und weiter wie Autofahrer (ca. 20-30 min).

ℹ Waldsee (Campingplatz) Tel. 09092/90101. - Reit- und Fahrbetrieb Ingrid Steinle, Wolferstädter Str. 30, Tel. 09092/8259. - Eissportheim Tel. 09092/5079 oder 6267; - Verkehrsamt, Haus des Gastes, 86650 Wemding, Tel. 09092/969035, Fax 969050.

Hechlingen - Hahnenkammsee

Ein Stück östlich von Oettingen hat man in den Hügeln des Rieskraterrandes die Rohrach zum Hahnenkammsee gestaut und damit ein schönes und vielseitiges Freizeitparadies geschaffen. Ganz ins Grün gebettet, läßt sich das Gewässer auf einem auch für Kinderwagen geeigneten Rundweg umwandern oder umradeln, wobei die Tour durch eine „Seefahrt" oder eine Runde Tischtennis unterbrochen werden kann.

Ruder- und Tretboote gibt es am Kiosk zu leihen, Tischtennis ist beim Campingplatz angesagt. Auf der Westseite erstreckt sich auch der freie Badeplatz mit großzügigen Liegewiesen, Nichtschwimmerbereich, Babyplanschbecken, Sandkiste, Spiel- und Grillplatz, Brotzeittischen und Bänken.

Ist der See dick zugefroren, was jedoch selten vorkommt, darf man auf eigene Gefahr Schlittschuhlaufen.

Toureninfos

km Seerundweg ca. 4 km.

Kiosk mit Seeblick-Terrasse, etwa Mai-Sept täglich (je nach Wetter).

P Parkplatz am Nordende des Sees (am Wochenende gebührenpflichtig).

i Verwaltungsgemeinschaft Hahnenkamm, Ringstr. 12, 91719 Heidenheim, Tel. 09833/1015, Fax 1797.

Oettingen - Wörnitzinsel

Im Norden von Oettingen umfaßt die Wörnitz mit einem Seitenarm eine attraktive „Freizeitinsel". Man betritt sie übers Holzbrückchen, sieht bereits die Einfriedung des Wildgeheges und die Kneipp-Anlage. Der Weg geradeaus führt direkt zum Freibad; rechts am Wasser entlang, können wir erstmal die Damhirsche beobachten. Zutraulich kommen sie an den Zaun und lassen sich füttern, ebenso die Enten auf dem ruhigen Seitenlauf. Am Übergang zum Hauptfluß bedeckt ein großes Seerosenfeld das Wasser. Hier steht auch ein Tisch mit Bänken zum Brotzeitmachen.

Weiter ums Gehege herum, kommen wir ebenfalls zum nassen Vergnügen, mit einem Minigolfplatz davor. Im Wörnitzbad (Flußwasser) locken vor allem die schönen Spielplätze mit Holzburgen, Schaukeln, Rutschen, Klettergeräten, Sandkiste, Karrussels, Tischtennisplatten, Beachvolleyball- und Bolzplatz. Ein Baby-Planschbecken gibt es ebenso wie einen Nichtschwimmerbereich mit kleiner Rutsche, außerdem einen Bootsverleih.

Hübsch anzuschauen ist das Wehr im Fluß. Um die kleine Inselrunde zu beenden, gehen wir vor dem Badeingang zum Ufer und dort den Weg zurück, vorbei am Teich - auf dem sich ebenfalls Enten tummeln - und einer alten Mühle wieder zur Brücke. Der Spaziergang ist selbst im Winter nett, und die Tiere freuen sich auch in der kalten Jahreszeit über eine alte Semmel.

Toureninfos

 Rundgang ca. 0,5 Std.

 Wörnitz-Erlebnisbad: Mitte Mai - Anf./Mitte Sept tägl. 9.30-18.30 h. Minigolf 9.30-18 h.

Rast am Hahnenkammsee (Tour 32)

Bad: Erw. DM 2,-, Kinder 6-17 J. DM 1,-; - Tischtennis, Boccia, Schach, Minigolf Erw. u. Ki. DM 1,-; - Bootsverleih DM 6,- pro 1 Std.

P Parkplatz vor der Wörnitzinsel. An der Wörnitzbrücke „Dinkels-bühl, Fremdingen", beim Baywa-Lagerhaus „Wörnitzinsel, Freibad".

Osterrieder-Bus 2.1, 2.2, Haltestelle „Schloßbuck". Zum Baywa-Lagerhaus und links zur Wörnitzinsel (ca. 10 min).

i Städtisches Verkehrsamt, Schloßstr. 36, 86732 Oettingen, Tel. 09082/70951, Fax 70988.

34

Maihingen - Rieser Bauernmuseum

Nach aufwendigen Instandsetzungsarbeiten am einst Fürstlichen Brauhaus, das zuvor (1472-1802) Bestandteil des Birgitten- und Minoritenklosters war, öffnete das Rieser Bauernmuseum 1984 erstmals seine Pforten. Es gilt als regionales Schwerpunktmuseum, das das vergangene dörfliche Leben und Arbeiten im Ries dokumentiert. Ein Teil der Sammlung ist in der Klosterökonomie gegenüber der „Klosterschenke" untergebracht. Hier geht es um den Wandel der Rieser Landwirtschaft von 1800-1950: vom Kuhgespann zum Traktor, von der Sichel zur Mähmaschine, vom Untertan zum Unternehmer, von der Gemeinschaftsarbeit zum Einmann-Betrieb.

Im Brauhaus ist das Erdgeschoß Sonderausstellungen vorbehalten. Die Treppe hinauf, erfährt man alles über Feldbestellung und Aussaat bzw. den Flachsanbau, der auf Knopfdruck durch einen Film zum Leben erweckt wird. Flachsbearbeitungsmaschinen verdeutlichen die Technik, vom Riffeln, Rösten, Dörren, Brechen, Haspeln bis zur Stoffbahn auf dem alten Webstuhl. Immerhin gehörten noch zu Beginn des 19. Jhs. die Lod- und Leinenweber zu den wichtigsten Berufsgruppen in Nördlingen.

Im 2. Stock finden sich bemalte Möbel aus dem Ries und Rieser Kleidung, außerdem ein altes Klassenzimmer mit Lehrerpult und Eselsbank. In weiteren Stuben haben die Hafnerwerkstatt und Schneiderei Einzug gehalten. Die Obergeschosse bestehen aus einem Sammelsurium alter Wagen, Schlitten, Ski, Kinder- und Puppenwagen, landwirtschaftlicher Geräte und Maschinen, an und zwischen denen es für Alt und Jung so mancherlei zu entdecken gibt. Wer noch Zeit hat, kann auch über den Wasserwirtschaftlichen Lehrpfad spazieren, zu dem ein Türchen rechts vom Museumseingang führt.

Interessant sind die Sonderprogramme des Museums, bei denen vor allem die Kinder zum Mitmachen aufgefordert werden. Da gibt es beispielsweise einen Waschtag nach Großmutters Art, Maltage oder Vorführungen zum Mitmachen an alten Geräten, da wird ein

Kartoffelfest veranstaltet oder von den Gänsen erzählt bzw. wie das Leben früher in einem Rieser Dorf war. Das Jahresprogramm ist in einer eigenen Museumsinfo des Bezirks Schwaben veröffentlicht. Es liegt in den verschiedenen Museen auf oder kann angefordert werden.

Toureninfos

🕐 Apr-Juni und Okt/Nov Di-Do und Sa/So 13-17 h, Juli-Sept Di-Do und Sa/So 10-17 h.

Erw. DM 4,-, Kinder ab 6 J. DM 1,-, Fam.Karte DM 9,-.

„Klosterschenke" (Mi-Mo).

P Parkplatz am Ortsbeginn bei der Klosterkirche. B 25 (Romantische Straße) Nördlingen-Dinkelsbühl, in Marktoffingen „Maihingen, Rieser Bauernmuseum".

Schwarzer-Bus 07, Haltestelle „Hauptstraße". Zur sichtbaren Klosterkirche und zum Museum (ca. 3 min).

Waldsee (Tour 31), Hahnenkammsee (Tour 32), Wörnitzinsel (Tour 33).

i Rieser Bauernmuseum, Klosterhof 8, 86747 Maihingen, Tel. 09087/778 oder 1041, Fax 711.

Info

27 Rundwanderungen zu gemütlichen Brotzeitalmen finden Sie im Stöppel-Freizeitführer 980

Alm-Wanderungen „Allgäu"

Mit Stöppel unterwegs - ISBN 3-89306-080-4

35

Maihingen - Klostermühle

Jeden Sonntag klappert die Mühle am lauschigen Bach, besser gesagt am Mauchbach, der sich beim Kloster Maihingen durchs grüne Tal zieht. Mindestens seit 1319 gibt es schon die Hagmühle, die 1437 in Klosterbesitz überging, 1525 im Bauernkrieg abbrannte, aber rasch wieder aufgebaut wurde. Bald nach der Säkularisation ersteigerte sie der frühere Klostermüller Franz Xaver Ziegelmeyer um 1450 Gulden. Vier Generationen lang war sie im Familienbesitz, bis 1988 mit dem Tod des letzten Müllers, Sebastian Hopfenzitz, die Räder stillstanden. Unter Vorsitz des Sohnes hat der Rieser Mühlenverein ab Juni 1997 die Klostermühle als technisches Denkmal der Allgemeinheit zugänglich gemacht.

Und so rattert, wackelt und dreht sie sich jeden Sonntag, die Getreidemühle mit Schrot- und Weizengang, deren Wasserräder 1888 durch eine Turbine ersetzt wurden, die heute noch im 4 m tiefen Wasserkasten des Bächleins sitzt. Funktionstüchtig ist auch die alte Ölmühle im Stadel mit ihrem hundertjährigen, mächtigen Kollergang und zwei Säulenpressen. Sie stammt aus der Ederheimer Betzenmühle, wurde vom Rieser Mühlenverein wieder gängig gemacht und „schafft" pro Vorführung etwa fünf Liter Rapsöl.

So manches Stück alter Mühlentechnik ist noch zu entdecken, wie der Doppelwalzenstuhl aus Budapest, ein Aspirateur zur Kornreinigung, eine Dinkelputzmaschine oder das Becherwerk zum Getreidetransport ins Obergeschoß. Auch die Wohnstube mit dem gußeisernen Ofen und die Schlafkammer besitzen die Ausstrahlung ehrwürdigen Alters. Besonders viel Leben und Treiben herrscht am Pfingstmontag, dem traditionellen Deutschen Mühlentag. Dann stehen Tische und Bänke im Freien, die Vereinsmitglieder haben Kaffee gekocht und Kuchen gebacken, und irgendwann ertönt eine ebenfalls nicht mehr ganz junge Ziehharmonika.

Lebensnah: Käthe-Kruse-Puppen (Tour 28)

Toureninfos

🕐 Mai - Okt So 13.30-17 h.

⏲ Erw. DM 3,-, Kinder ab 12 J. DM 2,-.

🍴 „Klosterschenke" (Mi-Mo) beim Bauernmuseum.

P Wie Tour 34. An der westlichen Klostermauer zu Fuß hinab zum Bach und links zur Mühle (ca. 3 min).

🚌 Wie Tour 34. Am Bauernmuseum vorbei, hinter dem Torbogen rechts zum Bach und links zur Mühle (ca. 5 min).

👑 Waldsee (T. 31), Hahnenkammsee (T. 32), Wörnitzinsel (T. 33).

ℹ Rieser Mühlenverein, Dr. Josef Hopfenzitz, 86720 Nördlingen, Tel. 09081/5758 oder Rieser Bauernmuseum (Tour 34).

Nördlingen - Stadtmauer-Rundgang

Im Herzen des Rieses liegt die ehemalige Freie Reichsstadt Nördlingen. Sie ist - einzigartig in Deutschland - umgeben von einer nahezu rundum erhaltenen Stadtmauer mit elf intakten Türmen und fünf Stadttoren. Der überdachte Wehrgang ist auch bei Regenwetter gut begehbar und läßt interessante Ausblicke auf die verschachtelten Häuser und Dächer der Altstadt zu, aus deren Mitte der 90 m hohe Daniel (Turm der St.Georgs-Kirche) aufragt.

Über 350 Stufen kann man ihn erklimmen und die herrliche Rundsicht übers Städtchen und den vor etwa 15 Millionen Jahren durch einen Meteoriteneinschlag entstandenen Rieskrater genießen, mit dem Türmer sprechen, der wie seit dem 14. Jh. täglich fünfmal seinen Wächterruf über die Dächer erschallen läßt, oder die Fotos der amerikanischen Astronauten anschauen, die 1971 vor der Mondlandung von Apollo 16 das Meteoritengestein im Ries studierten und ebenfalls auf den Daniel kletterten.

Vom Bahnhof wechseln wir hinüber zur anderen Straßenseite und gehen an der nahen Kreuzung links zur Altstadt, wo uns das Deininger Tor empfängt, hinter dem der Daniel zu sehen ist. Durchs Tor hindurch, steigen wir die hölzerne Stiege hinauf zum Wehrgang und spazieren rechts herum. Dabei schauen wir auf viele alte Häuser und Häuschen mit schnuckeligen Balkonen oder Gärtchen. Die Türme und Tore der Wehranlage sind mit Informationstafeln über Alter, Bedeutung und Geschichte versehen, zu denen man manchmal den Umgang verlassen muß.

Gerade beim Reimlinger Tor lohnt es, die Treppe kurz hinabzugehen, denn hier zeigt eine Tafel die geschlossene Altstadt und ihre historischen Häuser. Der Wehrgang führt durchs Tor hindurch, dann um die Alte Bastei herum und auf einem angehängten Brettersteig zum Schuldturm. In der folgenden Bresche stand einst die mächtige, fünfgeschossige Neue Bastei, die die Geschütze eines ganzen Artillerie-Regiments aufnehmen konnte. Gleich darauf setzt sich der überdachte Gang fort, und wir sehen bereits das Bergertor. Hier bietet sich ein Abstecher auf den Minigolfplatz bzw. auf der anderen Straßenseite zum Spielplatz hinterm Löwen- oder Pulverturm an.

Ansonsten passieren wir auch dieses Tor, spazieren über die Brücke und - vorbei an verschiedenen Backofentürmen - zum Baldinger Tor. Der folgende Spitzturm ist vom Umgang aus kaum zu sehen, dafür umso schöner von unten. Überhaupt empfiehlt es sich, die Befestigungsanlagen auch von den Wegen außer- oder innerhalb des Mauerrings anzuschauen.

Beim Unteren Wasserturm queren wir die Eger, die durch eine Öffnung unter der Mauer hindurchfließt und an der sich das große Mühlrad der Neumühle dreht. Bevor sich der Kreis schließt, erreichen wir das Löpsinger Tor. Im Innern der Torduchfahrt gibt der Kopf eines Wächters mit der Inschrift „Wer ist da?" Hinweis auf den geplanten Handstreich des Grafen Hans von Oettingen, der 1440 - angeblich nach Bestechung eines Torwächters - die Stadt in einem nächtlichen Überfall einzunehmen versuchte. Diese Sage und die daraus bis ins 18. Jh. resultierende „Saupredigt" ist im Stadtmauermuseum im sechsstöckigen Torturm ausführlich beschrieben. Köstlich ist auch ein in alter Sprache gehaltener „chronikalischer Bericht" über das Deininger Tor.

Die Kinder werden mehr Freude an den alten Uniformen und Waffen, den Turmmodellen oder dem Diorama der Schlacht von 1634 auf dem Albuch bei Nördlingen haben, bei der die Schweden im Dreißigjährigen Krieg eine entscheidende Niederlage hinnehmen mußten. 3500 handbemalte Zinnfiguren zeigen die damalige Aufstellung der Heere. Alle drei Jahre feiern die Nördlinger übrigens ihr historisches Stadtmauerfest, das Einwohner und Besucher in die Zeit vergangener Jahrhunderte zurückversetzt.

Toureninfos

 Mauerrunde ca. 1 Std.

🕐 Stadtmauermuseum Oster-Sa - Mitte Okt Fr-So 10-12 und 13.30-16.30 h. - Minigolfplatz Mai-Sept (je nach Wetter) - Nächstes Stadtmauerfest Sept 2001.

🏛 Museum: Erw. DM 2,-, Kinder DM 1,-.

P Ausgeschilderte Plätze rund um die Altstadt. Mauer-Aufgänge jeweils bei den Toren. Tourstart: Parkplatz „Deininger Tor" an der Kreuzung nördlich des Bahnhofs. Von da zur Kreuzung und rechts zum Tor.

🚂 Bahnhof Nördlingen.

🛁 Beheiztes Freibad, Marienhöhe (Juni-Sept), Hallenbad, Gerhart-Hauptmann-Str. 3 (Okt-Mai); - Almarin in Mönchsdeggingen (ganzj.), Zufahrt beschildert.

ℹ Verkehrsamt Nördlingen, Marktplatz 2, 86720 Nördlingen, Tel. 09081/4380, Fax 84102.

37

Nördlingen - Rieskratermuseum

Das nahezu kreisrunde Becken des Nördlinger Rieses mit einem Durchmesser von 25 km verdankt seine Entstehung der größten Naturkatastrophe Europas. Vor rund 15 Millionen Jahren stürzte ein fast 1 km messender Meteorit nahe dem heutigen Nördlingen auf die Albhochfläche und drang ungefähr 1000 Meter tief in die Erdkruste ein. Die dabei freigesetzte Energie entspricht der Zerstörungskraft von 7.500 Wasserstoff- oder 250.000 Hiroshima-Bomben. Eine Dia-Schau im ersten Stock dieses Museums von Weltrang simuliert den Einschlag mittels einer Tonbildschau. Hier sind auch die durch die enorme Hitze-Entwicklung in Verbindung mit dem verdampften Meteoriten entstandenen Schmelzgesteine, die Bunte Breccie und der Suevit, in Tafeln oder Brocken zu sehen. Die kleinsten Auswurf-Stük-

Versteinerungen im Rieskratermuseum

ke flogen bis zu 400 km weit. Im Krater bildete sich in der Folgezeit ein abflußloser See, den Tiere und Pflanzen besiedelten und der nach etwa 2 Millionen Jahren verlandete. Durch Fossilienfunde ließ sich das Leben im Riessee recht gut rekonstruieren. Auch hierüber berichtet die Ausstellung anhand von Bildtafeln und Kalkgesteinen, in denen Abdrücke der Lebewesen - darunter auch versteinerte Eier in einem Riffkörperstück - zu entdecken sind.

Steigt man auf der anderen Seite der einstigen Scheune aus dem 16. Jh. unter dem imposanten Dachgebälk die Treppe wieder hinab, trifft man auf eine in Europa einmalige Kostbarkeit: Ein Stück des echten Mondgesteins der NASA-Mission Apollo 16, das die Stadt Nördlingen erhielt - sozusagen als Dank für das „field-training", das 1971 die Astronauten vor ihrem Mondflug im Rieskrater absolvieren durften. Ein Großfoto zeigt, wie der Stein am 22. April 1972 auf dem Mond entnommen wurde. Nützlich zu wissen ist noch, daß die verschiedenen Filme im Museum wechselweise von der Kasse aus geschaltet werden. Notfalls also hingehen und darum bitten!

🕐 Di-So 10-12 h und 13.30-16.30 h.

Erw. DM 5,-, Kinder DM 2,50.

P Großparkplatz Kaiserwiese oder ein kleiner Platz direkt am Baldinger Tor im Norden der Stadt (an der B 25, Romantische Straße). Durchs Tor bis zur Ampel, links und wieder links „Rieskratermuseum".

Bahnhof Nördlingen. Zur Ampelkreuzung, links durchs Deininger Tor in die Altstadt, rechts der Beschilderung „Rieskratermuseum" folgen.

Wie Tour 36.

i Rieskratermuseum, Hintere Gerbergasse 3, 86720 Nördlingen, Tel. 09081/84143, Fax 84144.

38

Nördlingen - Bayerisches Eisenbahnmuseum

Da steht sie also und schnauft und pustet - die alte Dampflokomotive, die sich wieder einmal auf „große Fahrt" begeben darf. Zu den „Rieser Dampftagen" und anderen Sonderfahrten werden Museumsloks und -wagen auf den Bahnhof nebenan rangiert, und dann strömen Eisenbahnliebhaber und ganze Familien herbei, um wie früher beim Schaffner mit seiner Umhängetasche Fahrkarten zu kaufen und „zwicken" zu lassen, bevor es auf „Romantischer Schiene"nach Harburg oder Dinkelsbühl geht. Meist ist auch ein Speisewagen angehängt, außerdem werden Fahrräder kostenlos mitgenommen.

Wer keinen Platz mehr ergattert, kann der Nostalgie auf dem abgetrennten ehemaligen Bahnbetriebswerk und in den Lokschuppen frönen, in denen Prachtexemplare des Bayerischen Eisenbahnmuseums Einzug gehalten haben. Hier stehen z.b. die alte „Luci" aus dem Jahr 1916 oder die elegantere „Französin" gleichen Jahrgangs, eine Schnellzuglok der Mittelmeerbahn. Ebenfalls von 1916 stammt eine Holzgaslok, die erst 1974 ausgemustert wurde und 25 km/h schaffte. Eher zierlich wirkt die Zugmaschine der Tegernseebahn, ein Kraftpaket dagegen ist die wuchtige Berliner Schnellzuglokomotive aus der Zeit 1939/40 mit ihren mannshohen Rädern. Die technischen Daten sind jeweils aufgelistet. Beim Blick in die Führerstände fragt man sich allerdings, wie bei solch einem Arbeitsplatz so viele davon träumten, Lokomotivführer zu werden!

Im Freien, hinter der 20-Meter-Drehscheibe, sind weitere Dampfrösser aufgereiht, auf dem übrigen Gelände verteilen sich u.a. Kesselwagen, Wasserturm, Kranwagen, Draisine, Schienenbus und alte Waggons. In einem ist eine 19,35 m lange H0-Modelleisenbahn untergebracht. Der Ausstellungsraum im Hauptgebäude informiert über die Geschichte der Eisenbahn im Ries und enthält ein Modell des Bahnbetriebswerks Nördlingen.

Die ältesten, noch original erhaltenen Gebäude stammen übrigens aus der Zeit der Jahrhundertwende. Das Bayerische Eisenbahnmuseum ist als lebendes Industriedenkmal zu verstehen, das Technikgeschichte in der Form vermittelt, wie die Anlage in den 50er Jahren in Betrieb war. Dazu gehören auch die ehemaligen Werkstattbereiche mit Schlosserei, Schmiede und Schreinerei zum Erhalt fertigungsspezifischer Kenntnisse und der früheren Arbeitsmethodik.

Toureninfos

 März-Juni, Sept/Okt So 10-16 h, Juli/Aug Di-Sa 12-16 h, So 10-18 h. -„Rieser Dampftage" mit Rahmenprogramm im Mai und Aug; Dampfzugfahrten Ostern, Pfingsten und weitere Termine (Presseveröffentlichung oder Anfrage).

 Erw. DM 7,-, Kinder 4-14 J. DM 3,-; Modelleisenbahnschau Erw. DM 3,-, Kinder 6-18 J. DM 1,-.

P Am Eisenbahnmuseum. B 25, an der Kreuzung nördlich des Bahnhofs Richtung „Wemding", nach der Unterführung rechts „Bayerisches Eisenbahnmuseum".

🚃 Bahnhof Nördlingen. Südliche Fußgängerbrücke übers Bahngelände oder wie die Autofahrer zum Museum (ca. 10 min).

🧺 Wie Tour 36.

i Bayerisches Eisenbahnmuseum, Am Hohen Weg 30, 86713 Nördlingen, Tel. 09081/9808 oder 09083/340, Fax 09083/388.

39

Nördlingen - Ofnethöhlen, Waldspielplatz, Alte Bürg

Südwestlich von Nördlingen liegen fünf interessanten Punkte: die prähistorischen Ofnethöhlen, zu ihren Füßen ein römischer Gutshof, im Wald ein Spielplatz und das Wirtshaus „Alte Bürg" mit einem kleinen Zoo sowie ein Suevit-Steinbruch. All das läßt sich über die B 466 zwar mit dem Auto ansteuern (siehe Karte), doch wollen wir es in eine hübsche Radeltour einbinden, die in Nördlingen am Bahnhof beginnt. Wir verlassen das Gebäude, fahren rechts zur nahen Ampel, biegen links ab „Stadtmitte" und erreichen durchs Deininger Tor eine Querstraße. Gegenüber am Brunnen vorbei, schieben wir den Drahtesel durch die Fußgängerzone, fahren beim nächsten Brunnen vor der Kirche rechts und links um den Aufgang zum Turm, dem Daniel, in den Rad-/ Fußweg. Am Ende halten wir uns rechts und folgen der Straße durchs Bergertor, danach rechts „Nähermemmingen, Sportanlage".

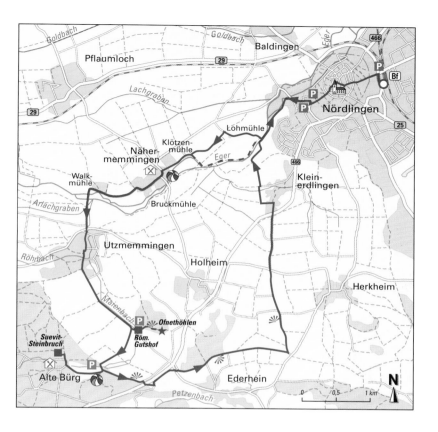

Es geht leicht bergab und vor dem Sägewerk links (Vorsicht beim Abbiegen!). Nun begleitet uns ein braunes Schild „Radweg Ries 1", zunächst am Bach entlang, dann rechts über die Brücke und entweder
links die Variante am Ufer (siehe Karte) oder geradeaus zum Gestüt
Lohmühle. Hinter dem letzten Haus weist der „R 1" links. In Nähermemmingen begrüßt uns ein Reiterhof. Wir steuern links ins gesperr-
te Sträßchen und radeln am Bächlein, dann am Spielplatz entlang
und auf dem Querweg rechts. An der Vorfahrtstraße halten wir uns
links, dann geradeaus „Utzmemmingen", fahren vorbei am Gasthof
und Richtung „Riesbürg, Utzmemmingen" zum Dorf hinaus. Die
Walkmühle, heute ein Ponyhof, taucht auf, deren altes Mühlrad nach
der Linkskurve zu sehen ist. An der Kreuzung in Utzmemmingen
strampeln wir gerade in den Ort (Radschild 1 a).

Wir bleiben in der „Nördlinger Straße", lenken dann links in die „Römerstraße", wo bereits „Zu den Ofnethöhlen, Römischer Gutshof" geschrieben steht. Richtung Ederheim geht es unter dem wacholderbestandenen, teils felsigen Hügel entlang, in dem die Ofnethöhlen liegen. Beim Wegedreieck sind es nur noch wenige Meter zum römischen Gutshof, von dem ein Fußsteig hinaufführt zu den Höhlen, für die eine Taschenlampe nützlich ist.

Die konservierten Grundmauern des 1976 freigelegten Römischen Gutshofes gehörten zu einem dichten Netz von Einzelhöfen im Nördlinger Ries, die keineswegs Landsitze einer feudalen Oberschicht waren, sondern landwirtschaftliche Gutsbetriebe des Mittelstandes darstellten. Wie dieser Hof aussah und genutzt wurde, läßt sich von einer Tafel ablesen, ebenso, daß er in den Alemannenstürmen um die Mitte des 3. Jhs. sein Ende fand.

Bei den Ofnethöhlen handelt es sich eigentlich um eine große und kleine Grotte, in der Funde von weltweiter Bedeutung gemacht wurden. Neben einer Fülle von steinzeitlichen Werkzeugen hat man große Mengen Knochen von Tieren ausgegraben, die hier bereits in der Würm-Eiszeit vor ca. 120.000 Jahren lebten. Als älteste Benutzung durch Menschen nimmt man eine Zeit vor rund 40.000 Jahren an. Hinweise auf religiöse Zwecke ergaben sich durch die Aufdeckung von zwei Schädelnestern (Kopfbestattungen) mit 27 und 6 Köpfen, deren Alter die Universität Kalifornien auf über 13.000 Jahre bestimmt hat. Heute ist die Höhle leer und dunkel, aber trotzdem recht spannend für Kinder, während die Eltern vor dem Eingang eher die schöne Aussicht zu schätzen wissen.

Unten schwingen wir uns wieder in den Sattel, radeln zurück zum Wegedreieck mit der steinumrahmten Linde und links „Suevit-Steinbruch, Alte Bürg" das Teersträßchen zum Wald hinauf, dort links und am Parkplatz rechts. Gleich danach führt der nächste Weg links aufwärts zum großzügig angelegten Waldspielplatz mit rustikalen Geräten und einer Grillhütte. Wer die Kohlen oder Würstchen vergessen hat, kann auch vom Parkplatz dem Asphalt folgen, an dem kurz darauf die „Waldgaststätte Alte Bürg" auftaucht, ein schön renovierter Gasthof mit Biergarten, Doggenzucht, frei umherlaufenden Hasen sowie Hängebauchschweinen und Ponys in Gehegen.

Noch vor dem Gasthof zeigt ein Wegweiser rechts zum „Suevit-Stein-bruch", den wir - am Wald links, dann rechts - nach wenigen Metern erreichen. In den hellen Jurakalkwänden sind dunkle Einschlüsse zu sehen: der Suevit (Sueva = lateinische Bezeichnung für Schwaben), ein ganz neues Gestein, entstanden durch die ungeheure Hitze beim Aufprall des riesigen Steinmeteoriten, der das Ries vor 15 Millionen Jahren formte. Es ist ein Gemenge, das zu etwa 98 % aus kristallinem Grundgebirge mit Schmelzanteilen und zu rund 2 % aus Sediment-einschlüssen besteht. Die Auswurfmasse flog damals bis zu 400 km weit! Aus dem Steinbruch Altenbürg stammen übrigens die Bausteine für die St.Georgs-Kirche in Nördlingen, an denen ebenfalls Suevit-Einschlüsse zu erkennen sind.

Zurück zum Gasthaus, radeln wir nach der Einkehr zum Parkplatz beim Spielplatz und wählen dahinter das rechte Sträßchen. Es führt etwas bergan und ermöglicht einen schönen Blick auf den römischen Gutshof unter dem felsgekrönten Hügel. Mittels einer Röhre schlüpfen wir rechts unter der Straße durch, wenden uns links und an der Kreuzung rechts. Den nächsten Weg gleich links (Vorsicht beim Abbiegen!), müssen wir ein letztes Mal bergauf. Doch eine herrliche Panoramasicht auf Ederheim, über die Wacholderheidelandschaft und später auch auf Nördlingen entschädigt die nicht allzu lang währende Mühe.

Wir fahren links am Waldrand weiter, an der Gablung auf dem oberen rechten Weg, bis wir kurz vor der Straße beim Wasserbehälter im spitzen Winkel links - bitte nicht zu schnell - bergab sausen. Immer geradeaus und ständig abwärts, genießen wir nun den Blick in den flachen, von Hügeln im Halbrund gesäumten Rieskrater.

Unser Weg folgt der Baumreihe, kreuzt die Straße, dann die B 466 (Vorsicht!) zur Kirche von Kleinerdlingen. Links in den „Kapellenweg" begleiten uns wieder Radschilder, zunächst gerade, dann im Rechtsbogen leicht bergab zum Bauhof und zu Pferdekoppeln. Kurz rechts und gleich links, geht es zum Recycling-Hof. Rechts weiter, kommen wir zur Bachbrücke, an der wir morgens abgezweigt sind und kehren auf bekanntem Weg zurück zum Parkplatz bzw. Bahnhof.

Ca. 25 km.

P Westlich vom Bergertor: aus der Innenstadt durchs Tor, dahinter rechts Parkplatz bzw. kurz darauf rechts „Nähermemmingen" und nach der Linkskurve freies Parkhaus (Vorsicht mit Dachträger!). - Oder Parkplatz „Deininger Tor" nördlich des Bahnhofs: zur Ampelkreuzung und rechts durchs Tor.

Bahnhof Nördlingen.

Waldgaststätte „Alte Bürg", (Apr-Okt Mo-So, Nov-März Do-So)

Wie Tour 36.

i Verkehrsamt Nördlingen, Marktplatz 2, 86720 Nördlingen, Tel. 09081/4380, Fax 84102.

40

Hürnheim - Ruine Niederhaus

Südlich von Nördlingen gibt es am Rieskraterrand bei Hürnheim zwei Burgruinen in unmittelbarer Nachbarschaft: Hochhaus und Niederhaus. Nachdem von der Burg Hochhaus (wohl im 13. Jh. von den Herren von Hürnheim erbaut und in den Besitz der Grafen von Oettingen übergegangen) nur mehr die einstige Ausdehnung und einzelne Baukörper zu erkennen sind, gilt unser Interesse der wesentlich besser erhaltenen Ruine Niederhaus.

Man kann am östlichen Ortsende von Hürnheim mit dem Auto bis kurz unter die Burg fahren. Auf der Hügelkuppe ist ein Parkplatz angezeigt, von dem es für ganz junge Beinchen oder mit dem Kinderwagen knappe zehn Minuten bis zur Ruine sind. Mit dem etwas größeren Nachwuchs wollen wir in der hübschen Landschaft eine kleine Wanderung daraus machen.

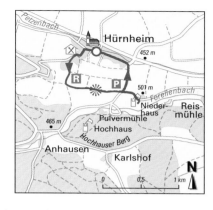

Dazu starten wir in Hürnheim bei der Kirche, gehen in westlicher Richtung zum nahen Abzweig „Christgarten" und merken für eine eventuelle Schlußeinkehr das Gasthaus im schönen Fachwerkhaus vor. Nach der Rechtskurve führt links das Sträßchen „Am Bad" etwas steiler bergan. Oben an der Kreuzung wenden wir uns links und marschieren zwischen den beiden Linden hindurch (unter der älteren gibt es einen Rastplatz) in die Wacholderheide. Es öffnet sich ein schöner Weitblick übers Ries: Im linken Tal liegt Hürnheim, im rechten ein großes Sägewerk. Der Weg fällt sanft ab, kurz darauf taucht die Ruine Niederhaus auf. Beim Parkplatz queren wir die Straße, erreichen den Hof und über einen breiten Steig die Burgreste.

Daß die Burg Niederhaus zur Ruine wurde, geht auf Konto der Schweden, die sie im Dreißigjährigen Krieg abbrannten. Was heute noch von der einst mächtigen Anlage steht, stammt aus dem 12. - 14. Jh. Das sind vor allem die noch erhaltenen Brückenpfeiler des Halsgrabens, der quadratische, hohe Bergfried und die Außenmauern des dreigeschossigen Palas. Ursprünglich war die Burg Stammsitz der Herren von Hürnheim. Als sich deren Geschlecht verzweigte, hat man sie zur Unterscheidung von der südlich, auf höherem Hügel gelegenen Burg Oberhaus (nicht sichtbar) als „Niederhaus" bezeichnet. Bis zu ihrem Aussterben 1585 besaßen die Herren von Hürnheim-Hochaltingen die Burg. Friedrich, ein Mitglied der Familie, wurde am 29. Oktober 1268 - zusammen mit dem letzten Hohenstaufer Conradin - in Neapel enthauptet. Eine Gedenktafel an der Burgmauer erinnert daran. Wir schauen in den tiefen Burggraben und den Innenraum der früheren Wohnstätte, schlüpfen durch einen Torbogen zum hinteren Gemäuer und erkunden noch das Steigerl mit Geländer, das an einem runden Turm endet. Dann wählen wir die Felsen gegenüber dem Burgzugang als Brotzeitplatz, die einen hübschen Blick ins Tal mit den Fischteichen und übers Ries gewähren.

Der Rückweg führt hinab zur Kreuzung am Parkplatz. Dort laufen wir das wenig befahrene Sträßchen hinunter nach Hürnheim und spazieren links ins Dorf, vorbei an Pferdekoppel und Hühnergarten zurück zur Kirche.

Toureninfos

km Ca. 1 - 1,5 Std.; vom oberen Parkplatz ca. 15 min.

⊠ „Sonne" in Hürnheim (Di-So).

P In Hürnheim bei der Kirche. Mit kleineren Kindern Parkplatz auf der Hügelkuppe unterhalb der Ruine.

🚌 Schwarzer-Bus 06, Haltestelle „Hürnheim", bei der Kirche.

👑 Wie Tour 36.

41

Dillingen - Eichwaldbad
Lauingen - Auwaldsee

Zwei schöne Bademöglichkeiten lassen sich mit einer netten Radeltour verbinden: das Eichwaldbad in Dillingen und das Erholungszentrum Auwaldsee nahe Lauingen. Autofahrer finden beim Eichwaldbad am „Georg-Schmid-Ring" einen großen Parkplatz, neben dem ein rustikaler Abenteuer-Spielplatz den ersten Bewegungsdrang der Kinder stillt. Der Minigolfplatz des Kanu-Clubs an der Donaubrücke (Georg-Schmid-Ring 45) dürfte einen ähnlichen Zweck erfüllen.

Wer mit Fahrrad und Bahn anreist, gelangt auf folgendem Weg zum Eichwaldbad, Spiel- und Mingolfplatz: Vom Bahnhof geht es das kurze Stück zur Hauptstraße, diese rechts zur nahen Ampel und links in die „Prälat-Hummel-Straße", geradeaus bergab und an der Linkskurve durch den Parkplatz, dahinter den breiten Weg immer geradeaus zum Bad (zu Fuß ca. 20 min) bzw. als Einstieg in die Radeltour an der Kreuzung vor dem Rollschuh- und Eislaufplatz gleich rechts auf den Vita-Parcours.

Als Autofahrer radeln wir am Schwimmbad-Eingang und Rollschuh- bzw. Eislaufplatz vorbei, an der folgenden Kreuzung links auf den Trimm-Pfad. Zusammen mit den Bahnreisenden treffen wir auf einen Querweg, der rechts zur Straße führt. Links geht es zum Denkmal des „Wasserdoktors" Sebastian Kneipp und auf dem Uferdamm weiter, nach dem großen Schild rechts die kleine Treppe hinab und links zum Kneipp-Gendenkstein, der an den Ursprung der Kneipp-Therapie erinnert. Dem Rechtsbogen nach und an der Kreuzung links, kommen wir zur Kneipp-Anlage, bei der sich die wohltuende Wirkung des Wassertretens gleich mal ausprobieren läßt.

Mit erfrischten Beinen strampelt sich's gut über die alte Donau in den Wald und Richtung „Lauingen" immer geradeaus, bis wir bei einer kleinen Kapelle wieder ins Freie kommen. Wir bleiben vor der Straße, fahren links hinab zur Donau, rechts unter der neuen Brücke durch und auf dem Uferweg nach Lauingen. (Mit kleineren Kindern ist es vielleicht zweckmäßig, bei der Donaubrücke direkt die Auwaldanlagen anzusteuern: Dazu geht es nach der Kapelle linksseitig der Straße auf dem Rad-/Fußweg über die Brücke, auf der anderen Seite links zum Auwaldsee.)

Rechter Hand taucht ein Altwasser auf, auch Schloß und Kirchturm von Lauingen sind zu sehen. Beim schmiedeeisernen Anker haben Ruderer ihre Einsetzstelle. Wenn gerade welche trainieren, macht es Spaß, ihnen zuzuschauen. Ansonsten queren wir nun die Lauinger Donaubrücke - beidseits gibt es Gasthäuser (und Eis!) - und fahren links Richtung „Weisingen", dann rechts in den „Leonhardiweg" zu einer Kapelle. Dahinter geht es autofrei zur Straße, links an den Sportanlagen entlang bis zu deren Ende und in den Wald. Bei der neuen Brücke unter der Umgehungsstraße durch, haben wir auch schon das Badeziel erreicht. Nach dem Wasserspaß radeln wir wieder zur Donaubrücke, wechseln hinüber zur kleinen Kapelle und strampeln durch den Wald zurück zur Kreuzung hinter der Kneipp-Anlage. Jetzt halten wir uns schräg links an die „Bleichstraße", die zur Hauptstraße führt. Zugfahrer müssen links den Berg hinauf zum Bahnhof. Zum Ausgangs-Parkplatz rollen die Räder nach rechts, an der Kurve durch den Parkplatz und dahinter den breiten Weg immer geradeaus zum Eichwaldbad.

Das Lauinger Erholungszentrum Auwaldanlagen ist frei zugänglich und bietet Umkleidekabinen, Duschen, Grillstellen, Kiosk, Wasserwachtstation und große Liegewiesen. Es gibt eine Badezone, in der man auch Boot fahren darf, sowie ein Laichschon- und Vogelschutzgebiet. Im Uferbereich ist das Wasser nur anfangs etwas flach, auf Nichtschwimmer also aufpassen! Der See läßt sich auch direkt mit dem Auto oder dem Bus erreichen. Bei ausreichend Frost kann man im Winter Schlittschuhlaufen. Das beheizte Eichwaldbad wartet mit großzügigen Liegewiesen auf. Es besitzt ein Schwimmer-, Nichtschwimmer- und Kinderplanschbecken, eine 50-m-Rutsche, Tischtennisplatten und einen Beach-Volleyball-Platz. Die SB-Gaststätte bietet kleinere Gerichte.

Toureninfos

km Ca. 14 km, bei Abkürzung ca. 11 km.

🕐 Eichwaldbad Mitte Mai - Anf./Mitte Sept. tägl. 9-20 h, bei schlechter Witterung 9-12 und 17-20 h; - Minigolf Apr/Mai bis Sept/Okt Mo-Sa 14-22 h, So/Fei 10-22 h.

Eichwaldbad: Erw. 5 DM, Kinder ab 6 J. 2 DM; Auwaldsee frei.

☒ Zwei an der Donaubrücke in Lauingen mit Terrasse bzw. Biergarten, SB-Gaststätte im Eichwaldbad.

P Parkplatz vor dem Eichwaldbad: Von der Dillinger Donaubrücke Richtung „Günzburg" bzw. in Dillingen dem Schwimmbad-Symbol in den „Georg-Schmid-Ring" folgen. - Parkplatz am Auwaldsee: B 16, am Kreisverkehr östlich von Lauingen

Radelpause an der Donau

P „Burgau", über die Donau, am nächsten Kreis „Wertingen", dann links „Erholungszentrum Auwaldanlagen".

Bahnhof Dillingen. - Auwaldsee: RBA-Bus 9100, Haltestelle „Weisinger Straße 30", gegenüber zum Auwaldsee (2-3 min).

i Städt. Verkehrsamt, Königstr. 37, 89407 Dillingen, Tel. 09071/ 54108, Fax 54199; - Verkehrsamt, Herzog-Georg-Str. 17, 89415 Lauingen, Tel. 09072/998113, Fax 998192.

42

Faimingen - Römischer Tempel

Für Kinder, deren Geschichtsunterricht gerade die Römer behandelt, stellt der römische Tempel Apollo Grannus ein willkommenes Anschauungsobjekt dar. Kommt man unvorbereitet nach Faimingen, ist die Überraschung eigentlich perfekt: Mitten in dem verschlafenen Dorf mit seinem ländlichen Gesicht stehen weiße Säulen vor blumengeschmückten Häusern, führen Treppen zum Tempelpodest, wurden Brunnen rekonstruiert. Den Weiterverlauf der Anlage hat man auf die Straße gezeichnet. Nach den Ergebnissen der Ausgrabungen umgab die Stätte damals ein rechteckiger Hof mit einer an drei Seiten umlaufenden Säulenhalle, deren Innenwände farbig bemalt waren.

Die Tempelanlage bildete das Zentrum einer stadtähnlichen Siedlung mit Namen Phoebiana, die heute Faimingen heißt. Sie stand ganz im Zeichen der Verehrung der keltisch-römischen Gottheit Apollus Grannus, der - wie viele Jahre später Pfarrer Sebastian Kneipp - vor allem mit den Kräften des Wassers heilte. Am überdachten Mauerteil findet sich eine Karte über die Ausdehnung der damaligen Provinz Raetia, außerdem allerlei Wissenswertes über die Geschichte und Wiederherstellung des Tempelbezirks, auf dem nach Aussage eines Dorfbewohners früher ein Schweinestall, eine Scheune und ein kleiner Bauernhof standen. Erst beim Umbau traten die antiken Reste zu Tage. Die Archäologen rückten an - und Haus und Hof mußten weichen.

Toureninfos

🕐 Frei zugänglich.

🗙 Gasthof „Mader" (Mi-Sa ab 14 h, So ab 10 h).

P Entlang der Dorfstraße. An der B 16 zwischen Lauingen und Gundelfingen Schilder „Tempelanlage".

RBA-Bus 9100, 9105, Haltestelle „Faimingen-Mitte". Vorbei an der Wertstoffstation und links, vor dem Kirchlein links (ca. 5 min).

 Auwaldsee/Eichwaldbad (Tour 41).

43

Burgau - Tiermuseum

Mit viel Liebe, Arbeitsaufwand und Einfühlungsvermögen hat Tierpräparator Artur Weindl das Burgauer Tiermuseum gestaltet. In selbstgebauten Dioramen sind etwa 1000 Vögel und Säugetiere ausgestellt, hinzu kommen nochmal an die 1000 Insekten, Käfer und Schmetterlinge. Die Sammlung fußt auf der 130 Jahre langen, sich über vier Generationen erstreckenden Präparation von Tieren in der Familie. Wie umfangreich und gut die Exponate sind, läßt sich am besten daran ablesen, daß angehende Jäger während der Kurse hier Anschauungsunterricht erhalten.

Im früheren Wohnhaus sind die Tiere aus heimischem Gebirge, Wald und Flur, aus europäischen und zum kleinen Teil auch aus exotischen Ländern ausgestellt, besser gesagt, hineingestellt in ihren natürlichen Lebensraum. Es bedarf schon einiger Aufmerksamkeit, um alle Einzelheiten zu entdecken. Da schaut der Eisvogel aus der hohlen Kopfweide, führt die Wachtel ihren Nachwuchs spazieren oder lauert der Puma auf dem Dachbalken, da trägt die Fuchsfähe eine Wildtaube zu ihren Jungen, richten sich furchterregende Bären auf oder stößt der braun-weiß gezeichnete Baßtölpel ins Wasser. Zwischen echten Tropfsteinen liegt der Schädel eines Höhlenbären, und natürlich darf auch eine Sammlung der originellen Wolpertinger nicht fehlen.

Kinder und Schulklassen gehen in den zwei Stockwerken begeistert auf Entdeckungsreise, nebenbei wird auch so mancher Erwachsene Tiere kennenlernen, die er noch nie in freier Wildbahn gesehen hat. Das Museum schärft das Empfinden für die Natur, auch im Hinblick darauf, daß sich am leichtesten schützen läßt, was man irgendwie verinnerlicht hat. Übrigens lohnt es, öfters vorbeizuschauen, denn die vielen Tiere bleiben nicht von einem Besuch im Gedächtnis, und laufend kommt Neues hinzu, beispielsweise die Minisaurierlandschaft, eine Haustierabteilung und ein eigenes Kinderprogramm. An Ideen mangelt es Artur Weindl, der sogar jeden Grashalm grün anmalt, nicht - nur bald am Platz.

Toureninfos

🕐 Sept-Mai, 1. u. letzten So im Monat 14-17 h, Juni/Juli nach Vereinbarung.

📅 Erw. DM 3,-, Kinder DM 1,-.

P Am Museum. A 8, Ausfahrt „Burgau", am Ortsbeginn durchs „Gewerbegebiet Nord-Ost", Querstraße rechts, links „Haldenwanger Straße" bis zum Ende.

🚌 Gruber-Bus, Haltestelle „Tellerstraße". Nördlich und beim buntbemalten Torturm geradeaus bergab, Linkskurve und der Straße folgen bis zum Museum (ca. 15-20 min).

🍴 Städt. Freibad im Süden von Burgau (Ende Mai - Anf. Sept, Zufahrt beschildert) oder am frei zugänglichen Autobahnsee, dem Burgauer See.

ℹ️ Burgauer Tiermuseum, Haldenwanger Str. 1, 89331 Burgau, Tel. 08222/2794. - Verkehrsverein Schwäbischer Barockwinkel, Kapuzinermauer 1, 89312 Günzburg, Tel. 08221/95235, Fax 95240.

Im Burgauer Tiermuseum

44

Stoffenried - Kreisheimatstube

Gegenüber vom Dorfteich stehen die Fachwerksölde aus Oberwiesenbach (um 1750), das etwas zurückgesetzte Pfründhäusl aus Hohenraunau (von 1798) und der damals schon reiche Neher-Hof, dessen Ausstattung den Jahren 1910-20 entstammt und der an seinem Platz geblieben ist. Alle zusammen bilden die „Kreisheimatstube", in der Geräte, Möbel und allerlei Sammelsurium aus dem gesamten Landkreis zusammgengetragen wurden. Im Neher-Hof hat man im einstigen Stall, der zudem als Raum für Wechselausstellungen dient, eine kleine historische Hausbrauerei untergebracht. In den Wintermonaten gibt es immer wieder Sonntage, an denen Bier gebraut wird, das - abgefüllt in Bügelflaschen - auch probiert werden kann. Dazu sitzt man an Tischen und Bänken neben der einstigen Viehtränke und läßt sich das im alten Ofen frisch gebackene Brot schmecken.

An Brautagen wird der Neher-Hof schon frühmorgens geöffnet. Die beste Zeit zum Zuschauen ist gegen 8.30 - 9 Uhr, doch wird es später Nachmittag, bis das Helle oder Dunkle fertig ist.

Ansonsten geht es per Führung auf Entdeckungsreise durch die Gebäude mit ihren original eingerichteten Stuben. Spannend finden die Kinder, was früher unter der Bettdecke war, wie das Waffeleisen funktioniert oder im Kuhstall gebadet wurde. Der absolute Renner sind die verschiedensten Modelle der Mausefallen in der Gerätekammer, deren Technik Alt und Jung aufs Genaueste erforschen.

Ab und zu kommt auch der ehemalige Besitzer der Seilerbahn (um 1900) vorbei und zeigt, wie man früher aus Hanf und Flachs Seile herstellte. Sie steht hinter der Sölde im Garten, in dem Färberpflanzen für die Wollfärbekurse, Flachs, verschiedene Getreidesorten und Kräuter wachsen. Überhaupt ist immer was los im Museum, sei es für die Großen oder speziell für Kinder, die Butter rühren, eigenes Brot backen oder ihre Puppenkleider auf alte Art und Weise waschen dürfen. Das Programm erscheint in einem vierteljährlichen Veranstaltungskalender, der auf Anforderung auch zugeschickt wird.

Toureninfos

🕐 2. und 4. So im Monat 14-17 h.

▦ Eintritt frei, Spende erwünscht.

P Beim Museum. A 8, Ausfahrt „Günzburg", B 16 nach Ichenhausen und Ellzee, rechts in den Ort und weiter nach Stoffenried.

🚌 Schapfl-Bus 815, 874, Zenker-Probst 873, BBS 876, Haltestelle „Schullandheim", beim Museum.

ℹ Kreisheimatstube, 89352 Stoffenried, Tel. 08283/2131, Fax 9125. -
Verkehrsverein Schwäb. Barockwinkel, Kapuzinermauer 1, 89312 Günzburg, Tel. 08221/95235, Fax 95240.

45

Naichen - Hammerschmiede

Wenn die Esse faucht und die Funken sprühen, dann ist Schmiedetag in Naichen, nördlich von Krumbach. Die alte Hammerschmiede und Landmaschinenwerkstatt, die auf das Jahr 1839 zurückgeht und vier Generationen lang im Besitz der gleichen Familie war, ist seit 1990 als Museum zu besichtigen. So wie Serafin Stocker 1975 den Hammer aus der Hand legte, wird heute die vollständig eingerichtete und funktionsfähige Werkstatt gezeigt. Viele alte Werkzeuge, von den früheren Besitzern selbst hergestellt, hängen noch an ihrem angestammten Platz.

Auch die Wasserkraftanlage, deren Turbine vom aufgestauten Flüßchen Kammel gespeist wird, befindet sich im Urzustand. Sie treibt ein mächtiges Rad mit Holzzähnen und darüber die Transmission an. Über sie laufen alle 13 Maschinen, darunter auch der schwere Krafthammer, dessen Schlagstärke über einen Fußhebel reguliert werden kann. Aus Sicherheitsgründen wird er jedoch nur noch selten angestellt.

Nach dem Brand der Schmiede im Februar 1922 entstand trotz der damaligen Notzeit ein modernisierter Betrieb mit einer Wohnung im Obergeschoß. Sie ist ebenfalls erhalten und soll ins Museum mit einbezogen werden. Ferner sind im Obergeschoß viele Originalgegenstände, Handwerkszeug und alte Büro-Utensilien zu sehen. Im nebenan gelegenen „Stockerhof" des Bruders von Serafin Stocker finden Sonderausstellungen statt.

Besonders interessant ist natürlich der Besuch zu den Vorführungen. Dann entfacht der Schmiedemeister das Feuer, das nur mittels einer besonderen Pech- oder Schmiedekohle das Metall auf die notwendigen 1200 Grad erhitzen kann. Er zeigt, wie man Haken und Nägel aus dem glühenden Eisen formt (dürfen die Kinder als Andenken mit nach Hause nehmen) oder mit schnellen, präzisen Schlägen einen

Maueranker und gedrehte Gitterstäbe fertigt. Die Kunst, ein vollständig geschlossenes Kettenglied zu schmieden, wird kaum noch anderswo zu sehen sein. Falls der Besuch nicht auf einen Vorführtag fällt: Ein Videofilm informiert über die Arbeitsweise der Schmiede.

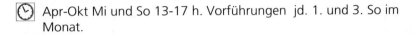

Toureninfos

 Apr-Okt Mi und So 13-17 h. Vorführungen jd. 1. und 3. So im Monat.

Erw. DM 3,-, Kinder ab 6 J. DM 1,-.

P Parkplatz bei der Schmiede.
In Naichen Hinweisschilder „Hammerschmiedemuseum".

RBA-Bus 9863, Haltestelle „Naichen". Hauptstraße Richtung Krumbach, rechts zum Museum (ca. 8 min).

Krumbach (Tour 46), Oberrieder Weiher (Tour 47).

i Hammerschmiedemuseum Naichen, 86476 Neuburg/Kammel, Tel. 08283/1823.

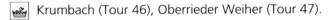

46

Krumbach - Krippenparadies, Heimatmuseum

Daß sich gerade das mittlere Schwaben zum Zentrum der Krippenschnitzer entwickelte, geht aufs Mittelalter zurück: Als die Pest grassierte und teilweise ganze Dörfer dahinraffte, holte man Südtiroler ins Land, die ihre damals schon hochentwickelte Schnitzkunst mit-

Schmiedetag in Naichen

brachten und den nachfolgenden Generationen überlieferten. Auch heute noch wird im Bereich zwischen Krumbach und Günzburg die Krippenkultur besonders gepflegt, sind in Privathäusern, Kirchen und Museen die schönsten Krippen aufgestellt. So auch im Krumbacher Heimatmuseum, das von Anfang Januar bis Anfang Februar aus seinem reichen Fundus oder als Leihgabe von Privatleuten alte Krippen bis zurück ins 18. Jh. und neue von noch lebenden Schnitzern zeigt. Sie repräsentieren das Krippenschaffen des gesamten schwäbischen Raumes schlechthin.

Jedes Jahr werden andere Weihnachtsgeschichten über vier Etagen in die Museumsstuben integriert, mal gibt es neben den heimischen auch orientalische oder Krippen aus aller Welt zu sehen. Die Kinder dürfen ein Suchspiel lösen und anschließend kleine Preise in Empfang nehmen.

Doch damit nicht genug. Das Museum besitzt eine stattliche Sammlung von Original-Modeln, mit denen man früher die „Bachenen" herstellte. Das sind Krippenfiguren aus Ton, die im Feuer der Esse oder im Ofen gebacken und anschließend bemalt wurden. Auf diese Weise war Massenfertigung möglich, und die preisgünstigen Figuren gaben auch den ärmeren Leuten Gelegenheit, sich eine Krippe anzuschaffen.

Damit diese Model nicht unnütz im Schrank herumliegen, holt man sie während der Krippenschauzeit hervor. Jeder, der am Samstagnachmittag kommt, kann sich unter Anleitung seine eigenen Figuren formen und zum Backen und Bemalen mit nach Hause nehmen. Allerdings sollte man rechtzeitig da sein, damit auch die Kinder noch einen Platz am großen Tisch ergattern.

Am Sonntagnachmittag werden üblicherweise „Fatschenkinder" gebastelt, kleine Jesulein, kunstvoll gewickelt und reich verziert. Hierzu ist Voranmeldung nötig, da verschiedenes Zubehör bereits vorher gekauft werden muß. Die Bezeichnung stammt vom italienischen „fascia" (= Binde, Wickel) ab. Um 1700 bis etwa 1840 war es üblich, Kleinkinder nachts streng einzuwickeln, weil man glaubte, in der „Ruhestellung" würden sie gut wachsen und schöne Glieder bekommen. Bei uns hat sich der Brauch in der Jesukind-Verehrung eingebürgert. Wer seine Bachenen oder Fatschenkinder in die entsprechende Umgebung stellen möchte, bekommt dazu in der Vorweihnachtszeit Gelegenheit, denn dann finden richtige Krippenbaukurse statt (nur auf Anmeldung).

Nach Neujahr beginnt der Heimatverein zudem mit den beliebten Krippenwanderungen für jedermann. Sie führen alljährlich auf anderen Wegen durch die reizvolle Winterlandschaft Mittelschwabens, zu wunderschönen Kirchenkrippen und zu teils wahren Kunstwerken in Privathäusern, die man sonst nicht zu sehen bekäme. Außerdem ist eine Liste für „Nichtfußgänger" erhältlich, die per Auto das „Krippele-Schauen" absolvieren möchten.

Allgemein beinhaltet das Museum u.a. Funde aus der Vor- und Frühgeschichte, Trachten, Töpfereiwaren und Mobiliar aus der heimatlichen Umgebung, eine komplett eingerichtete Küche, Schlafstube, ein Wohnzimmer und allerlei rund ums heimische Handwerk.

Toureninfos

🕐 Museum: Mai-Nov 1. u. 3. So im Monat 14-16 h. - Krippenschau mit Basteln: Anf.Jan - Anf.Febr Sa/So und 6. Jan 14-17 h; - Krippenwandern: Anf. Jan - Anf. Febr.; - Krippenbaukurse: im Dezember.

🎫 Erw. DM 3,-, Kinder DM 1,50, Fam.Karte DM 10,-; - Material-gebühr für die Bastelkurse.

🅿 Beim Museum. B 300 von Osten: im Ort beim Gasthof „Munding" Richtung „Günzburg", links „Stadtmitte", nach der Rechtskurve zum Heimatmuseum.

🚌 VVM-Bus 8227, Stadtbus 825, Haltestelle „Heimatmuseum".

🏊 Hallenbad im Schulzentrum, Talstr. 76 (Mitte Okt - Mitte Mai). - Beheiztes Freibad, Raunauer Straße 36, (Mitte Mai - Mitte Sept).

ℹ️ Mittelschwäbisches Heimatmuseum, Heinrich-Sinz-Str. 3, 86381 Krumbach, Tel. 08282/3740; - Heimatverein für den ehemaligen Landkreis Krumbach, Tel. 08282/3600.

47

Breitenthal - Oberrieder Weiher

Zu einem richtigen Bade- und Freizeitparadies sind die großen Baggerseen bei Breitenthal geworden. Die Nordseite ist angelegt mit Wasserwachtstation, Liegewiesen, Grillstellen, Brotzeittischen und Bänken, Sandplatz zum Volleyballspielen und einem Badesteg, der ins klare Wasser führt. Hier ist am flacheren Ufer etwas Kies aufgeschüttet. Man kann auch surfen, segeln oder mit dem Schlauchboot fahren, jedoch sollten die Schilfränder gemieden werden. An der Ostecke liegt ein Campingplatz. Ist der See dick genug zugefroren, steht dem Schlittschuhvergnügen (auf eigene Gefahr) nichts im Wege.

Vom Ort Breitenthal führt eine Spazierstrecke zum See, die auch zum Radeln oder bei trockenen Wegen für Kinderwagen geeignet ist: Von der Bushaltestelle in der Ortsmitte laufen wir in die „Untere Dorfstraße", dann links und hinauf zur Kirche. Gerade das schmale Sträßchen abwärts und über die Brücke, gelangen wir rechts zum E-Werk, durch das das Wasser sprudelt. Oberhalb läßt sich den Kindern die Funktionsweise der Schleusentore erklären. Nun geht es am Kanal entlang, im Tal windet sich die Günz. Links über die nächste Brücke und auf der Straße links, am Kieswerk vorbei (wochentags fahren hier allerdings Lastwagen!) zum Badestrand am Nordufer.

Toureninfos

 Ca. 1 Std.

 Wasserwacht-Kiosk bewirtschaftet.

 Parkplatz am Nordufer. Am Ostrand von Breitenthal Beschilderung „Naherholungsgebiet Oberrieder Weiher".

 VVM-Buslinie 8178, Haltestelle „Breitenthal".

Info

14 familienfreundliche Rundtouren und eine dreitägige Streckentour in:

Radwandern „Allgäu"

Mit Stöppel unterwegs - ISBN 3-924012-46-6

114

Badeplatz an der Lechstaustufe

48

Schwabstadl - Staustufe 20, Ruine Haltenberg

Östlich von Klosterlechfeld liegt bei Schwabstadl an der Lechbrücke das Waldrestaurant „Zollhaus". Dahinter, am Parkplatz, stehen zum Wochenende die Ponys gesattelt bereit und warten auf kleine Reiter. Wochentags findet das Reitvergnügen auf dem Pferdehof von Florian Maisterl in Scheuring statt. Wer das Rad oder die Wanderschuhe mitgenommen hat, kann anschließend zwei schöne Strecken erkunden:

1) Umrundung der Staustufe 20: Zu Fuß geht es vom Parkplatz hinüber zum Lech und rechts das romantische Steiglein zunächst am Ufer entlang und zu einem breiten Weg. Hier folgen wir geradeaus dem Pfad, der uns über ein glasklares Bächlein und zum Wirtschaftsweg bringt, auf diesem links weiter. Mit dem Fahrrad starten wir vom Parkplatz nach rechts auf dem Asphaltsträßchen, biegen an der scharfen Rechtskurve (Scheuring ist zu sehen) links ab in den Feldweg und halten uns - gemeinsam mit den Wanderern - an den Weg mit Sperrschild und -pfosten. Wir kommen zur Tafel, die Tiere und Pflanzen des Landschaftschutzgebietes erklärt. Dahinter liegt eine nette Badestelle (nur für Schwimmer). Bald darauf sind wir an der Staumauer, wechseln hinüber und folgen auf der anderen Seite dem Dammweg.

Schwäne, Enten und Bläßhühner bevölkern den Bereich der Brutinseln, dann treffen wir wieder auf einen breiten Weg, der im Bogen zum Lechufer und zur Straßenbrücke zurückkehrt. Man kann sie auch noch unterqueren, von der nahen Staumauer den weiten Blick über den See der Staustufe 19 genießen - auch hier tummeln sich, vor allem im Winter, viele Wasservögel - und auf der anderen Flußseite das „Zollhaus" erreichen.

2) Zur Ruine Haltenberg: Vom Parkplatz gehen oder radeln wir hinüber zum Lech und auf dem Uferweg links zur Staustufe 19, am Damm links zur Hangkante und rechts durch den Wald. Bei der Freifläche links abbiegen (Radschild „R 1") und rechts am Fischteich hinauf zur Oskar-Weinert-Hütte (Radler müssen das kurze Stück schieben oder können gleich geradeaus, aber ebenfalls bergan, den Gutshof erreichen). Oben das Teersträßchen links, an der Rechtskurve links auf den „Vor- und Frühgeschichtspfad" und um den Gutshof herum, kommen wir zur teils restaurierten Burgruine. Eine Tafel erklärt früheres Aussehen und Geschichte. Auf gleichem Weg geht es zurück und hinter dem Gutshof rechts den breiten Weg abwärts, dann auf bekannter Strecke wieder zum „Zollhaus".

Bei wenig Schnee sind beide Routen auch als Winterspaziergänge geeignet. Auf der Tour zur Ruine Haltenberg läßt sich bis unterhalb der Oskar-Weinert-Hütte der Kinderwagen mitnehmen bzw. die Treppe hinauftragen zur Hütte. Eislaufen ist auf den Stauseen verboten, da die Wasserstände wechseln.

km Umrundung Staustufe 20: ca. 8-9 km. - Ruine Haltenberg: ca. 6 km.

🕐 Ponyreiten: Frühling-Herbst, Sa/So beim Zollhaus, Mo-Fr in Scheuring, Blumenstr. 11, neben dem Kindergarten (bei schönem Wetter).

Reiten: 1 Runde DM 3,-, halbe Std. DM 8,-, 1 Std. DM 15,-.

⊠ „Zollhaus" (Mi-So), Naturfreundehaus „Oskar-Weinert-Hütte" (nur im Sommer Sa/So bei schönem Wetter).

P Parkplatz hinter dem „Zollhaus" an der Lechbrücke. B 17 bis Klosterlechfeld, dort „Fürstenfeldbruck".

AVV-Bus 730, Haltestelle Schwabstadl, Straße zur Lechbrücke (ca. 10-15 min).

Badeplatz an der Staustufe 20.

i Ponyreiten: Florian Maisterl, Blumenstr. 11, 86937 Scheuring, Tel. 08195/688.

49

Weil - Ponyhof, Wild- und Freizeitpark

Etwas nordöstlich von Landsberg bzw. Kaufering liegt das Dörfchen Weil, das für Kinder eine echte Attraktion bereithält: den Ponyhof Kieberle mit Wild- und Freizeitpark. Man kann zu Fuß durchs Gelände bummeln oder sich eines der Pferdchen aussuchen, um - geführt von Mama oder Papa - auf diese Art den Park zu erkunden. Pferde in allen Größen sind vorhanden, darunter auch ganz kleine Ponys für ganz kleine Reiter. Vorbei an den Pferdekoppeln, geht es zum Wildgehege mit Damhirschen, zum Streichelzoo mit einer Treppe zum Hineinklettern, zu Pfauen, Hasen oder Nandus. Große Taubenkobel stehen im Gelände, außerdem hat man im Hühnerhaus Glasfenster eingesetzt, hinter denen die Glucken mit ihren Küken herumspazieren. Auf einem großen Teich schwimmen Gänse und Enten, auf der Insel sind Nisthäuser zu sehen. Hinter dem Bächlein residieren in großen Arealen Rothirsche, Zebras und Lamas. Folgt man dem Reitweg-Schild am Wasser, gelangt man zu weiteren Hirschen und den Schweinen.

Beliebt ist der „Orient-Express", eine Elektro-Eisenbahn, die ihre Spur um einen weiteren Teich zieht, in dem Goldfische und Karpfen zu entdecken sind. Und spätestens dann werden die Kinder den großzügig angelegten Spielplatz und die Eltern gleich daneben den Biergarten der „Mooshütte" stürmen. Hier gibt es Getränke und Kleinigkeiten zu essen, natürlich auch Eis, und bei schönem Wetter warmes Mittagessen.

Wer es neben dem Eingang übersehen haben sollte, der muß ihm zum Schluß noch unbedingt seine Aufwartung machen: dem Zwergschwein „Borsti", das eine eigene Hütte gebastelt bekam und das es liebt, am Rücken gekratzt zu werden. Dann windet es sich wohlig und quiekt vor Vergnügen! Übrigens freuen sich die Tiere auch im Winter über Besuch. Nur kann es sein, daß bei Glätte die Pferde nicht gesattelt werden.

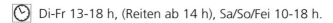

Toureninfos

🕐 Di-Fr 13-18 h, (Reiten ab 14 h), Sa/So/Fei 10-18 h.

Erw. DM 3,-, Kinder ab 4 J. DM 1,-. Reitpreise: Pony 0,5 Std. DM 8,-, 1 Std. DM 14,-; Kleinpferd 0,5 Std. DM 10,-, 1 Std. DM 18,-.

⊠ „Mooshütte" im Park.

P Parkplatz am Ponyhof. Am Nordende von Weil bei den Sportplätzen in die „Sportplatzstraße".

Pferdepflege auf dem Ponyhof

Waibel-Bus 70, Schneider-Bus 60, Haltestelle „Alte Schule". Hauptstraße nördlich bis zu den Sportplätzen und rechts zum Ponyhof (ca. 10-15 min).

„Lechtalbad" in Kaufering an der Lechbrücke, Hallen- und beheiztes Freibad (Di-So).

Ponyhof Josef Kieberle, Sportplatzstr. 6, 86947 Weil, Tel. 08195/383

50

Landsberg -
Historisches Schuhmuseum

„Das Schuhhaus Pflanz steht seit 350 Jahren im Dienste der Fußbekleidung" verkündet ein altes Schild über dem Ladeneingang. Seit 1757 ist es nachweislich im Familienbesitz, und auch für den jetzigen Inhaber, Heinrich Pflanz, gibt es nichts Wichtigeres im Leben der Menschen als Schuhe. Im Laufe von über 30 Jahren hat der gelernte Kaufmann und Schuhmachermeister rund 1400 Paare und Einzelstücke zusammengetragen; aus Platzmangel sind jedoch nur an die 500 ausgestellt. Macht der Hausherr in den beiden Räumen das Licht an, glänzt es in den Vitrinen in Leder und Lack, Gold und Silber, spielt die Mode mit Schleifen, Knöpfen und Schnallen, wird präsentiert, was über mehrere Jahrhunderte trittlings gerade „en vogue" war. Doch erst wenn er erzählt, beginnt die kleine Ausstellung richtig zu leben. Jeder Schuh ist exakt datiert und hat eine Geschichte mit den entsprechenden Nachweisen, daß sie auch wahr ist. Meist kannte Pflanz die Besitzer, oft wurden ihm Schuhe überlassen oder kamen auf den seltsamsten Wegen in sein Haus - man könnte stundenlang zuhören.

Das älteste Stück der Sammlung, eine ägyptische Sandale aus dem Jahr 1000 v.Chr., dürfte einer der besterhaltensten Schuhe aus der Antike sein. Die Buschmann-Sandale aus Botswana ist zwischenzeitlich sogar in Südafrika eine Seltenheit. Weitere Glanzstücke - um nur ganz wenige zu nennen - sind bestickte Schnabelschuhe aus Afghanistan, darunter ein Hochzeitsschuh aus reinem Silber, ein Schilfschuh aus einem russischen Mönchskloster, der heute noch nach Weihrauch riecht, eine Holzsandale mit Silberglöckchen, damit man immer wußte, wo die Frau sich aufhält, oder ein finnischer Hausschuh aus Birkenrinde.

Geht man in der Zeit nicht so weit zurück, finden sich praktische und elegante, Arbeiter- und Höflings-Schuhe und allerlei Modetorheiten. Letztere sind nicht eine Erfindung der heutigen Epoche. Es gibt Herrenschuhe aus dem Rokoko mit hohen Absätzen (um 1750) zu bewundern, Damenschuhe aus der Wiener Hofburg (Mitte/Ende 18. Jh.) mit Wechselschnallen, woher die nicht gerade galante Bezeichnung „Alte Schnalle" für eine gereifte Frau stammt. Man mag es nicht glauben, aber sie stehen tatsächlich auf blauem Samt: Feinbestickte Schuhe, die der „Märchenkönig" Ludwig II. trug. Daneben Stiefeletten von Kaiser Franz Josef I. von Österreich und von Kaiserin Elisabeth, genannt „Sisi". Von der zeitlich jüngeren Prominenz haben viele Sportler, Schauspieler und Politiker im Pflanz'schen Schuhmuseum ihre Fußbekleidung hinterlassen, z.B. Lothar Matthäus, Steffi Graf, Michael Stich, Mike Krüger, Roberto Blanco, Maria Hellwig, Conny Froboess, Uschi Glas, Leni Riefenstahl, Luis Trenker, Elisabeth Flickenschild, Franz Josef Strauß sowie die Bundeskanzler Helmut Kohl und Helmut Schmidt.

Doch damit nicht genug: Heinrich Pflanz besitzt auch die größte Schuhlöffelsammlung der Welt, eingetragen im Guiness-Buch der Rekorde. Leider sind aus Platzgründen ebenfalls nur die wenigsten Stücke zu sehen: Erotik-Schuhlöffel mit Damenbein, handbemalte aus afrikanischen Kuhhörnern, geschnitzte aus Schildpatt und Rosenholz, Elfenbein und Ebenholz, mit Silber beschlagene aus Turkestan, Reklamelöffel mit ausziehbarer Antenne oder Knöpfler mit Bernsteingriff. Außerdem existiert als ein Museumsstück für sich die Original-Schuhmacherwerkstatt des Hauses Pflanz, in der der Meister noch arbeitet - meist um wieder mal ein Paar historische Schuhe zu restaurieren.

Toureninfos

 Nur auf Voranmeldung.

 Erw. DM 3,-, Kinder DM 1,50.

 Tiefgarage „Lechstraße". A 96, Ausfahrt „Landsberg-Nord", bzw. B 17 Richtung „Zentrum, Altstadt", links „Augsburger Straße", über die Lechbrücke und rechts „Inselbad, Parkhaus Lechstraße". Tiefgarage ganz durchfahren, bei Parkplatz 50 Ausgang „Brudergasse", draußen links, übers Holzbrückchen und gerade die Gasse durchgehen (ca. 2 min).

 Bahnhof Landsberg. Zur nahen Hauptstraße, links über die

P Lechbrücke, zum Hauptplatz und gerade an der Kirche vorbei zum Schuhhaus Pflanz (ca. 10 min).

🛁 „Inselbad" (Wellenbad, beheizt, Mitte Mai - Mitte Sept, Tiefgarage „Lechstraße" kostenlos, Ausgang „Inselbad, Lechstraße").

i Schuhaus Pflanz, Vorderer Anger 271, 86899 Landsberg, Tel. 08191/42296.

51

Landsberg - Wildpark

Heute packen wir die alten Semmeln vom letzten Wochenende und ein Zehnpfennigstück ein, wegen der vielen Rastplätze am Wege am besten auch gleich die Brotzeit dazu, dann kann's losgehen in den Landsberger Wildpark. Die Wege sind breit und glatt, somit für Kinderwagen oder zum Radeln gleichermaßen geeignet.

Im Winter lassen sich zumindest die Wildschweine blicken, so daß ein Besuch selbst in der kalten Jahreszeit lohnt. Von der südlichen Lechbrücke, der Karolinenbrücke, starten wir am flußaufwärts linken Ufer ins „Klösterl" und gehen am Ende der Gasse durchs Gittertor zum Aquarium mit den großen Lechfischen. Hier kommt das Zehnerle zum Einsatz, für Licht und Futter, damit alle die Prachtexemplare gebührend bestaunen können.

Der „Wildparkweg" führt durch den Privatparkplatz zur Übersichtstafel und hält sich ans Lechufer, an dem bereits Schwäne, Enten, Bläßhühner und Wildgänse um Futter betteln. Wir zweigen links ab und folgen dem blauen „L" (Markierung des Lech-Höhenweges) ins Wildrevier. So gelangen wir zum Teich im Auwald, auf der anderen Seite finden sich eine Kneipp-Anlage und überdachte Rasthütten. Den nächsten Weg gehen wir links hinauf zum „Wildsaugehege", wo gut genährte Schwarzkittel auf die Semmeln warten. Während der ganzen Zeit begleiten uns Naturpfad-Schilder, die übers gesamte Gelän-

„Sauwohl" fühlt sich der Frischling im Wildpark

de verteilt sind und anschauliche Einführungen in Botanik, Tierwelt und biologische Zusammenhänge geben. Rechts laufen wir weiter zur Damhirsch-Wiese, gerade vorbei und auf dem Querweg links aus dem eingezäunten Gelände zum Lech-Stausee. Bei der uralten, doppelstämmigen Eiche spazieren wir rechts zunächst auf dem Damm (mit Kinderwagen den Weg unterhalb), dann am Lechufer zurück, oder wir machen vorher noch nach links einen Abstecher zum Gasthaus „Teufelsküche" am Eingang einer romantischen kleinen Schlucht.

Sportlichen Familien mit größeren Kindern sei folgender Rundweg (nicht für Kinderwagen oder Rad) empfohlen: Vor der Schranke des Privatparkplatzes links, erklimmen wir teils über Stufen die Höhe der Hangkante. Stehen die Bäume nicht im Laub, gewähren sie vielfach schöne Ausblicke über den Lech. Oben gerade hinter dem Zaun entlang, um den Gedenkstein herum und den Pfad auf der Höhe weiter, durch die Zaunöffnung hinab in den Wildpark. Bei den Teichen geht es geradeaus, im Wäldchen an der Tafel „Schichtquelle" ebenfalls gerade und immer auf dem Naturpfad bzw. dem Lech-Höhenweg im

Hangwald entlang. Wir verlassen das Gehege, müssen geradeaus
bergan und an der großen Kreuzung bei der Pilztafel scharf rechts ein
kurzes Stück steiler zur Höhe. Beim Brotzeithüttchen führt der Steig
rechts abwärts zum kleinen Stausee - hier lassen sich Forellen beobachten - und nach der Dammquerung rechts zusammen mit dem
Bächlein die Teufelsschlucht hinab zur gastlichen „Teufelsküche" am
breit gestauten Lech. Auf dem Uferweg gelangen wir rechts zum
Wildpark, den wir beim Durchgang erneut betreten. Anschließend
rechts zur Hirschwiese, geradeaus ums Saugehege herum und links
hinab in den Wald, bummeln wir, auf dem Querweg rechts, zurück
zum Ausgangspunkt.

Toureninfos

km Ca. 1,5 Std., bis Teufelsküche + ca. 30 min. - Große Runde
ca. 2 Std.

 „Teufelsküche" (Sommer: Di-So ab 11 h, Winter: Sa/So).

P In der „Von-Kühlmann-Straße" (Mo - Sa-Mittag zeitlich be-
grenzt, beim Mutterturm 3 Std.). A 96, Ausfahrt „Landsberg-
Nord" bzw. B 17 Richtung „Zentrum, Altstadt", links „Augsbur-
ger Straße", vor der Lechbrücke (Sandauer Brücke) rechts zu den
Parkplätzen beim bzw. nach dem Mutterturm. Von dort zum
Lechwehr und über die Karolinenbrücke.-
Oder: Über die Sandauer Brücke, rechts „Inselbad" ins „Park-
haus Lechstraße" bzw. Parkplatz vor dem Inselbad (gebührenpfl.,
Parkplatz So frei). Südlich in die „Adolf-Kolping-Straße", nach
der Kanalquerung rechts den Fußweg am Lechufer zur
Karolinenbrücke.

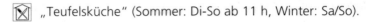 Bahnhof Landsberg. Zur Hauptstraße und links zur Karolinen-
brücke.

 Wie Tour 50.

i Städt. Verkehrsamt, Altes Rathaus, 86896 Landsberg, Tel.
08191/128245, Fax 128160.

Kirchdorf - Freizeitpark

Nicht nur Kinder, auch die Eltern werden ihren Spaß haben - schließlich ist doch keiner zu alt, um mal auf dem Trampolin mit dem Nachwuchs um die Wette zu hüpfen oder mit dem Nautic-Jet im Wasser zu landen. Die Frage: „Papa, bist naß wor'n?" sollte Sie dann auch nicht aus der Fassung bringen. Etwa 40.000 qm ist das Gelände groß, das, nicht weit von Kirchdorf, ganz im Grünen liegt und mit einer Looping-Achterbahn, einem Flugsimulator, den verschiedensten Schaukeln, Karussells, Kletter- und Turngeräten aufwartet. Einfach „riesig" ist die vierspurige Superrutschbahn (38 m lang, 12 m hoch), auf der man mittels Matten in die Tiefe saust. Eine gewundene bunte Schlange spuckt die nächsten „Rutscher" aus. Etwas Mut erfordern das Teufelsrad und die rollende Tonne, während auf den Mini-Rennwagen die „Möchtegern-Schumis" um Platz und Sieg kämpfen.

Sind die Kinder konditionsstärker, läßt sich im Biergarten oder in der Gaststätte die Zeit überbrücken; denn allzu lange wird es sowieso nicht dauern, bis sich der Nachwuchs mit gerötetem Gesicht ebenfalls einstellt und lauthals nach Trink- oder Eßbarem und einem Eis verlangt. Nur Dackel „Waldi" hat's schlecht: Er muß draußen bleiben!

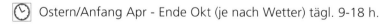

Toureninfos

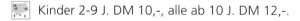

🕐 Ostern/Anfang Apr - Ende Okt (je nach Wetter) tägl. 9-18 h.

Kinder 2-9 J. DM 10,-, alle ab 10 J. DM 12,-.

🍴 SB-Restaurant mit Terrasse und Kiosk mit Biergarten im Park.

P Parkplatz am Gelände. A 96, Ausfahrt „Bad Wörishofen", Beschilderung „Freizeitpark".

i Freizeitpark GmbH, Im Hartfeld 1, 86825 Bad Wörishofen, Tel./ Fax 08245/1377.

Mindelheim - Krippenmuseum, Vorgeschichtsmuseum

Besonders für die Zeit um Weihnachten bietet sich ein Ausflug nach Mindelheim ins Schwäbische Krippenmuseum an. Im ehemaligen Jesuitenkolleg sind gleichzeitig das Textilmuseum (für Kinder kaum geeignet) und das Südschwäbische Vorgeschichtsmuseum untergebracht. Bereits im Treppenaufgang ist in einer glasgeschützten Vitrine die moderne Bronzeguß-"Krippe 2000" untergebracht. Um sie zu verstehen und den Kindern zu erklären, sollte man das Extrablatt aus dem Kästchen lesen.

Der Rundgang durchs Krippenmuseum beginnt mit der Weihnachtsgeschichte auf bemalten Holztüren (1600-1620), Fatschenkind'ln und Votivtafeln, dann ist auch schon die erste Krippe aufgebaut. Es folgen viele weitere verschiedenster Größe und Art. Zum Teil stammen sie aus Mindelheimer Familien und sind sehr alt. Aufwendige Architektur zeichnet die Darstellung der Hochzeit zu Kanaa aus, ungewöhnlich ist die Kastenkrippe in einer buntbemalten Bauernvitrine, reizvoll auch eine Miniaturkrippe in Streichholzschachtelgröße.

Nicht versäumen sollte man den Besuch in der am Unteren Tor angebauten Jesuitenkirche. Hier ist alljährlich zur Weihnachtszeit eine Krippe mit rund 80 Figuren von etwa einem Meter Größe aufgebaut, deren Ursprung bis ins Jahr 1618 zurückreicht. In den darauffolgenden Jahrzehnten wurde sie ständig erweitert bzw. erneuert und vermittelt in einer eindrucksvollen Massenszene die barocke Frömmigkeit der damaligen Zeit.

Werfen wir noch einen Blick ins Vorgeschichtsmuseum im Obergeschoß, das mit hervorragenden Funden aus der näheren und weiteren Umgebung und durch seine moderne, lebendige Konzeption glänzt. Das Zweigmuseum der Prähistorischen Staatssammlung München beginnt mit einem großen Mammutbild und der Steinzeit, mit alten Zähnen von Ur-Elefanten, die vor zehn Millionen Jahren lebten,

Krippe im Mindelheimer Museum

und führt - um nur wenig zu nennen - über die originalgetreue Abformung eines Hausbodens aus den Jahren 3496-95 v.Chr. zu Grabfunden der Urnenfelderzeit, desweiteren bis in die Ära der Römer und Alemannen.

Toureninfos

 Di-So 10-12 und 14-16 h.

Alle 3 Museen zusammen: Erw. DM 3,-, Kinder 6-15 J. DM 2,-.

P Vor dem Museum (werktags 2 Std.), neben dem westlichen Stadttor, dem „Unteren Tor".

 Bahnhof Mindelheim. Durch die „Bahnhofstraße" und das

Stadttor ins Altstadtzentrum und die „Maximilanstraße" weiter bis zum Unteren Tor (ca. 15-20 min), oder mit City-Bus zur Haltestelle „Unteres Tor".

 Beheiztes Freibad zu Füßen der Mindelburg, Tiergartenstr. 1 (Mitte Mai - Anf. Sept), Hallenbad, Brennerstr. 1 (Ende Sept - Ende Apr).

 Schwäbisches Krippenmuseum, Textilmuseum, Südschwäbisches Vorgeschichtsmuseum, Hermelestr. 4, 87719 Mindelheim, Tel. und Fax 08261/6964; - Verkehrsbüro der Stadt Mindelheim, Beim Rathaus, Tel. 08261/991569, Fax 991570.

54

Mindelheim - Turmuhrenmuseum

Das Schwäbische Turmuhrenmuseum im Zentrum der Altstadt fängt an zu leben, sobald die Führung beginnt. Dann setzt sich alles in Bewegung, es pendelt, schlägt, tickt und flötet in der ehemaligen Silvesterkirche, deren Bau aus dem Jahr 1409 stammt.

Neben dem genial einfachen Werk der ältesten Turmuhr von 1562 ist die bunte Konventuhr des Franziskanerklosters Füssen (1750) ein wahres Kunstwerk. Fasziniert hören nicht nur die Kinder dem Amselhahn zu, der den Schnabel zu sechs verschiedenen Melodien bewegt, die von einem Orgelwerk auf 17 Pfeifen gespielt werden. Alte Zifferblätter und Zeigerpaare haben noch den großen Zeiger als Stundenmaß und den kleinen für die Minuten. Komplizierter sind dann schon die besonderen Präzisionsuhren im zweiten Raum sowie eine astronomische Uhr mit Mond- und Sonnenfinsternissen und den Tierkreiszeichen, für die man eigens einen Computer-Schnelldurchlauf konstruiert hat.

Anschließend geht es in den Kirchturm. 8 Etagen mit 155 Stufen sind zu erklimmen. Hier stehen weitere alte Uhrwerke, teils mit besonderer Geschichte, oder ein fast 3 Zentner schwerer Eisenklöppel, den ein Mann dreimal den Turm hinauftrug, weil er stets herunterfiel. Das 9 m lange Pendel einer Turmuhr aus dem Kloster Irsee reicht über zwei Stockwerke. Ganz oben im Turm findet sich auch ein Sitzbrett, und Fotos zeigen, wie damit einst in schwindelnden Höhen von außen an den Uhren gearbeitet wurde.

Das Museum ist nur mit Führung zugänglich, doch dafür wird alles bestens und auch kindgerecht erklärt.

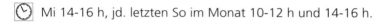

Toureninfos

🕐 Mi 14-16 h, jd. letzten So im Monat 10-12 h und 14-16 h.

Erw. DM 3,-, Kinder ab 6 J. DM 2,-.

P Am besten in der „Maximilianstraße" (werktags gebührenpfl.) oder am Rand der Altstadt (werktags 2 Std.). Vom „Marienplatz" in die „Kornstr.", dann links in die „Hungerbachgasse".

Bahnhof Mindelheim. Durch die „Bahnhofstraße" und das Stadttor zum „Marienplatz", weiter wie unter P (ca. 15-20 min), oder mit City-Bus ebenfalls zum Platz.

Wie Tour 53.

i Schwäbisches Turmuhrenmuseum, Hungerbachgasse 9, 87719 Mindelheim, Tel. und Fax 08261/6964.-
Verkehrsbüro der Stadt Mindelheim, Beim Rathaus, Tel. 08261/991569, Fax 991570.

Erkheim-Daxberg - Erstes Allgäu-Schwäbisches Dorfschulmuseum

Es gibt ihn also noch, den Tatzenstecken aus der „guten alten Zeit". Ganz harmlos liegt er auf dem Lehrerpult des noch im Originalzustand erhaltenen Klassenzimmers der einstigen Daxberger Dorfschule - und hat doch auf so mancher Kinderhand schmerzhafte Erinnerungen hinterlassen. Immerhin gab es im Schulleben des 18. bis 20. Jhs., das hier präsent ist, eine Züchtigungsordnung! Aber auch Belobigungen, z.B. mit „Fleißbildle" und „Hauchbillettle", die der Lehrer oftmals aus eigener Tasche zahlte.

Sauberkeit wurde ebenfalls groß geschrieben, wie das noch funktionierende Handwaschbecken neben dem aus Originalsteinen wiederaufgebauten Kachelofen von 1908 zeigt. Das Heizmaterial (Feuerholz, Tannenzapfen oder Torf, in Schwaben auch „Wasen" genannt) mußten die Kinder mitbringen und in der noch älteren Holzkiste mit handgeschmiedeten Nägeln ablegen.

Hier steht auch die „Rechenmaschine" mit den rot-weißen Kugeln, während rundum einfache Wandtafeln in die Naturgeschichte, Geographie oder den Straßenverkehr einführen. Im Nebenzimmer gibt es einen ganzen Schrank voll dieser „Schulmannbilder" für alle nur erdenklichen Fächer. Mit den großen Tintenballonen und -kannen holte man am Bahnhof in Sontheim die Schreibfarbe und füllte sie in die Tintenfässer der Pulte um.

Seitlich an den Schulbänken hängen Original-Schulranzen, Schiefertafeln stecken in den Pulten, Griffel und Griffelkästen, teils bildhübsch verziert, sind im Obergeschoß zu bewundern. Die ältere Generation wird so manchem Schulbuch wie einem vertrauten Freund begegnen und sich an die Setzkästen erinnern, die zum Lesen führten - mit Sicherheit ein Unikum für unsere bereits computergeübten Kinder.

Im übrigen besitzt die zum Museum umgewandelte einstige Dorfschule noch über 4000 Bücher, die wegen Platzmangels nicht ausgestellt werden können.

Jungpädagogen erfahren interessante Details über ihre Vorgänger,
beispielsweise daß die Jahresgehälter der Dorfschullehrer - immerhin
zählten sie zu den Respektspersonen - für damalige Zeiten wenig üp-
pig ausfielen, daß sie sonntags zudem die Orgel zu spielen und einen
Platz am Stammtisch zu beanspruchen hatten. Besonders wertvoll ist
ein Buch aus den Jahren 1878-1883: In diesem Zeitdokument hat der
in Immenstadt tätige Hauptschullehrer Josef Lau in gestochen schöner Schrift die Ausbildung eines Volksschullehrers festgehalten und
damit auch die Verbundenheit mit seinem Beruf dokumentiert, der
früher - zum Wohle der Kinder - oft gleichsam als „Berufung" emp-
funden wurde.

Toureninfos

 So/Fei 14-17.30 h.

 Erw. DM 2,-, Kinder ab 6. J. DM 1,-.

🏠 Gasthof „Krone" in Erkheim, südlich der Kirche mit
Storchennest (Biergarten).

P Am Museum, in der Ortsmitte bei der Schulbushaltestelle.
A 96, Ausfahrt „Erkheim, Ottobeuren", durch Erkheim „Baben-
hausen, Lauben". Am Ortsausgang rechts über die Brücke und
links hinauf nach Daxberg.

👑 Buxheimer Weiher (Tour 56).

ℹ 1. Allgäu-Schwäbisches Dorfschulmuseum, 87746 Erkheim-
Daxberg, Tel. 08336/7760.

56

Buxheim -
Wildpark Oyhof,
Buxheimer Weiher

Nordwestlich von Memmingen, auf der anderen Seite der Iller, liegt im Wald ein Wildpark, zu dem wir per Rad oder zu Fuß einen netten Familienausflug machen wollen. Da es dort einen Rastplatz mit Grillstelle gibt, können wir entsprechend vorsorgen mit Brotzeit und Getränken. Bei wenig Schnee ist die Wanderrunde auch für den Winter geeignet.

Radler und Fußgänger starten gemeinsam am Wanderparkplatz vor der Bahnunterführung und gehen bzw. radeln gerade in den Weg mit Sperrschild. Kurz darauf haben wir die Eisenbahnbrücke erreicht. Ein angehängter Steg führt hinüber ans andere Ufer der Iller, unterhalb rauscht ein kleines Wehr. Drüben halten wir uns links, also flußaufwärts, und folgen rechts dem Schild „Bahnhofsrestauration Tannheim" ins Dörfchen Arlach, wo Schafe und Rinder auf der Weide grasen.

Gerade am Kirchlein vorbei, geht es Richtung Tannheim in die Wiesen, dann heißt es aufpassen: Links zweigt ein Feldweg ab, der in den Wald führt. Wir kommen zur Kanalbrücke, wenden uns davor jedoch links und entdecken am Eingang zum Forsthaus, daß es das Wild auch „in Portionen" gibt. Doch ob einem danach der Sinn steht, wenn man nach wenigen Metern die Frischlinge im Gehege antrifft und in die recht klug und friedlich dreinblickenden Augen der Wildschweine schaut, mag zu überlegen sein. Am Ende des Geheges findet sich der schattige Rastplatz mit Brunnen. Hier steht auch ein Automat für Wildfutter, das die Tiere ausschließlich fressen sollen.

Nach der Brotzeitpause laufen oder fahren wir am Zaun und weiteren großen Arealen entlang, in denen Bachen mit Jungen oder der Keiler jede Menge Auslauf und Platz zum Wühlen haben, anschließend entdecken wir das hübsch gepunktete Damwild. Man hat auch ein paar Erklärungstafeln über Pilze und Tiere aufgestellt. Der Zaun endet, und unser Weg führt im Linksbogen zu einer Kreuzung. Hier müssen wir rechts zur nächsten Kreuzung, und nun trennen sich die Wege:

Die Wanderer gehen links und immer geradeaus, bis sie auf den Uferweg an der Iller treffen, dort links stets am Fluß entlang zur bekannten Bahnbrücke, wieder hinüber und zum Parkplatz.

Wir Radler fahren an der Kreuzung gerade weiter bis zum Waldrand mit Blick auf Mooshausen, lenken rechts, queren den Illerkanal und kommen links zum ersten Hof, dann ins Dorf. Schräg über die Straße geht es in den „Blumenweg", auf dem Quersträßchen links und im Rechtsbogen zum Dorf hinaus. Der Kanal begleitet uns, dann fahren wir links „Am Wehr" zur Wehranlage Mooshausen.

Hier steht ein Türchen auf, durch das wir den Steg über den Kanalabzweig erreichen. Technische Details der Anlage finden sich auf einer kleinen Tafel, zu der es beim Rechenreiniger die Treppe hinabgeht. Wir schieben das Rad über das Illerwehr und halten uns drüben links an den schattigen Uferweg. Vorbei an zwei Wehren, strampeln wir immer am Fluß entlang bis zur Bahnbrücke, dort rechts zurück zum Parkplatz.

Fühlen sich die Kinder nicht ausgelastet oder hatten sie weder Lust zum Radeln noch zum Wandern, bietet der Buxheimer Weiher noch einige Möglichkeiten: Bootsverleih und Schwimmbad, im Winter Eislauf, den Family-Park mit Minigolf, Tischtennis und Spielgeräten, sowie - gerade vorbei an der „Seeklause" - linker Hand bei der Hausnummer 7 Ponyreiten auf „Opas Ponyhof" (Rundstrecke im Obstgarten).

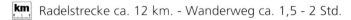

Toureninfos

km Radelstrecke ca. 12 km. - Wanderweg ca. 1,5 - 2 Std.

🕐 Family-Park nur bei schönem Wetter. - Ponyreiten Di/Mi und Fr-So 13-16.30 h.

Einzelpreise im Family-Park. - Ponyreiten: 20 min DM 6,-, 30 min DM 8,-.

 Gasthäuser am Buxheimer Weiher, SB-Kiosk im Family-Park.

P Wanderparkplatz in Buxheim. A 96 oder A 7, Abfahrt „Memmingen-Buxheim", in Buxheim links „Buxheim-Weiher" und rechts am Gasthof „Weiherhaus" vorbei der Beschilderung „Sportgelände" folgen. Am Ortsende, bevor es unter der Bahn durchgeht, rechtsseitig Parkplatz. - Zum Buxheimer See links vom „Weiherhaus" zum großen Parkplatz.

 RBA-Bus 964, Haltestelle „Abzweig Weiher".

Freibad am Buxheimer Weiher (je nach Wetter).

i Ponyreiten Anton Epple, Ziegelstadelweg 7, 87740 Buxheim, Tel. 08331/71780.

57

Aitrach - Toni's Tierpark

Ein Stück südwestlich von Memmingen findet sich - schön ins bewaldete Tal der Aitrach eingefügt - ein kleiner Tierpark. In der privaten Anlage kann man gemütlich herumspazieren und nebenbei so mancherlei entdecken. Vom Parkplatz hinter den Bahngleisen gehen wir aufs Haus zu und links über die Kanalbrücke. Gleich dahinter beginnt das Wäldchen mit den Tiergehegen.

Es steht angeschrieben, was man den Tieren füttern darf und was nicht; auch das Schild, daß die Tiere beißen können, wenn man an oder durch den Zaun greift, ist ernst zu nehmen. Der allgemeinen Erheiterung dienen andere, witzige Wahrheiten.

Hirschgehege in Toni`s Tierpark

Als erstes begrüßen wir Wildschweine mit Frischlingen im großen Gehege, dann die Bergziegen. Im Wachtelkäfig liegen im Frühling sogar
die begehrten Eier in einer als Nest ausgestalteten Sandkuhle. Hirsche, Waschbären, Zwerghühner, Hasen, Meerschweinchen, Marder,
Frettchen, Mufflon, Nutria und Füchse bevölkern den übrigen Wald,
zusätzlich lassen sich die Vögel in den Bäumen beobachten. Letzt-
endlich bietet der Bach bei Niedrigwasser ideale Spielmöglichkeiten.
Vom hölzernen Steg über die Aitrach (Kinder an die Hand!), kann
man im Wasser Steinmühlen entdecken: Löcher, in denen Steine liegen, welche sie bei entsprechender Wasserbewegung durch Drehung
ständig vergrößern.

Der Pfad am Ufer führt zu Resten der alten Wehranlage im „Wuhl",
bei der vermutlich schon im Mittelalter das Wasser der Aitrach in ein
anderes Bett abgeleitet wurde. Ins „Wuhl" gingen die Leute früher
nur ungern, da es hier spuken sollte, was man sich beim Anblick des
verwunschenen Bachtales durchaus vorstellen könnte. Doch werden
es wohl eher die Wilderer und Schwarzfischer gewesen sein, die dort
ihr Unwesen trieben. Wer jetzt noch eine Gruselgeschichte erzählen
kann von Wasser- oder Waldgeistern, der verbucht beim Nachwuchs
enorme Pluspunkte!

🕐 Jederzeit frei zugänglich.

P Unweit des Tierparks. A 96, Ausfahrt „Aitrach"; in Aitrach an der Kirche vorbei und kurz darauf links „Kapfberg", über die Bahngleise, gleich rechts Parkmöglichkeit.

🚌 RAB-Bus 7569, 7552, Haltestelle „Aitrach-Hirsch". Von der Kirche vorbei am Gasthof „Hirsch", links hinauf „Kapfberg" und weiter wie die Autofahrer (ca. 10-15 min).

👑 Buxheimer Weiher (Tour 56).

58

Kellmünz - Archäologischer Park

Als im Jahr 1900 der alte Ortskern von Kellmünz eine Wasserleitung bekommen sollte, stieß man auf die Mauerreste eines mächtigen römischen Kastells, genannt „Caelius Mons". Es wurden Wehrmauern und Türme (um 300 n.Chr.) freigelegt, außerdem fand man mehrere lebensgroße, im Fundament verbaute Marmorskulpturen, die zu den qualitätvollsten des nördlichen Raetien zählen. Da man bei den Ausgrabungen nicht die Häuser und Straßen einschließlich der Kirche abreißen konnte, ist leider nur ein Stück der Kastell-Nordwestmauer mit zwei Türmen sichtbar. Selbst dort sind nur die untersten Lagen „echt alt", alles darüber wurde 1993/94 in Tuff aufgemauert. Ferner hat man weiträumig den Grundriß des Kastells mit farbigen Pflastersteinen nachgezeichnet, so daß der Besucher einen Eindruck von der Ausdehnung der Anlage bekommt. Roter Porphyr zeigt den Verlauf der Mauern, hellgrauer Granit stellt überdeckte Innenräume dar. Trotzdem ist der Ausflug nach Kellmünz nur ergiebig, wenn das Museum geöffnet hat.

Am Parkplatz in der Dorfmitte beginnen die numerierten Schilder, die den - auch kinderwagengeeigneten - Weg weisen und die früheren Bauten erklären. Beim Rundgang um die Kirche erfährt man, daß hier einst ein repräsentativer Großbau aus Stein mit einer halbrunden Apsis stand. Er hatte eine Länge von 26 m und bedeckte eine Fläche von mehr als 300 qm, vorgelagert war eine Säulenhalle. Durch die Kirchhoftür hinaus, weist der Römerkopf gegenüber zum Museumsturm, der zu Beginn des 20. Jhs. auf spätrömischen Fundamenten des rechteckigen Turms an der Südwestecke des Kastells errichtet wurde.

Das Erdgeschoß beschäftigt sich mit der Forschungs- und Grabungsgeschichte - anschaulich dokumentiert durch Originalfotos - das Obergeschoß mit der Geschichte der Provinz Raetien. Ausgestellt sind ein Teil der Funde, andere wertvolle Stücke sind ins Bayerische Nationalmuseum oder ins Archäologische Museum Neu-Ulm gewandert. Die bedeutendste Skulptur, eine ursprünglich als Grabschmuck verwendete sitzende Dame mit einem Hündchen auf dem Schoß, ist als Kopie zurückgekehrt. Von der Turmplattform schaut man übrigens weit übers Illertal, an klaren Tagen bis zum Hochgebirge.

Toureninfos

🕐 Archäologischer Park frei zugänglich; Turmmuseum Apr-Okt So/Fei 14-17 h.

P Parkplatz in der „Marktstraße" im Zentrum von Kellmünz, Beschilderung „Caelius Mons" (mit Römerkopf), von dort links zur Kirche. A 7, Ausfahrt „Altenstadt" oder „Dettingen".

🚌 RBA-Bus 9751, 9750, Haltestelle „Rathaus". Weiter zum Parkplatz und links zur Kirche (ca. 5 min).

🦆 Buxheimer Weiher (Tour 56); Nautilla siehe „Bäder".

i Landratsamt, Kantstr. 8, 89231 Neu-Ulm, Tel. 0731/7040118.

59

Illertissen - Weiheranlage, Bienenmuseum

Vor allem mit Kindern im Spielplatz-Alter sind die Weiheranlagen am Ostrand von Illertissens Zentrum einen Ausflug wert. Bildschön wird der große Teich mit den alten Trauerweiden und Seerosen vom hochgelegenen Vöhlin-Schloß überragt, rundherum führen Kinderwagenwege zu Rastplätzen und Spielgeräten, rechts am Friedhof vorbei geht es im Tal in einer guten halben Stunde zum Minigolfplatz. Im Winter darf man auf eigene Gefahr auf dem Teich Schlittschuhlaufen.

Ohne Kinderwagen läßt sich eine nette kleine Wanderung über den bewaldeten Höhenrücken absolvieren, zu der wir vom Parkplatz bei der Schranne bzw. Feuerwehr starten wollen. Ein Stückchen gehen wir Richtung Schloß, bis ein Schild links zur „Weiherhalde" (rechts zum Schloß) weist. Durch die „Point" gelangen wir zum kleinen See, halten uns davor rechts und wiederum rechts an den Steig, der im Schatten den Hang hinaufzieht. Bei der Bank bleiben wir links, wenden uns als nächstes rechts und oben auf dem breiteren Weg links. Kurzzeitig öffnet sich ein freier Blick hinaus in die Wiesen.

Bei den Wanderschildern könnten wir bereits links hinablaufen zur Weiherhalde. Doch dann fehlt der Minigolfplatz, und so folgen wir geradeaus dem schmalen Weglein durch den Wald bis zum nächsten Abzweig „Weiherhalde". Jetzt spazieren wir links abwärts, unten nochmals links, kommen kurz zum Waldrand und können vor dem eingezäunten Grundstück nach rechts den Abstecher zur Eisstockbahn und zum Minigolfplatz machen.

Nach der Spielrunde kehren wir zurück zum Waldweg, gehen ihn weiter und erreichen nach dem Friedhof den schönen großen Spielplatz. Rechts oder links um den See herum, kehren wir zurück zum Parkplatz.

Altes „Dampfroß" im Bayerischen Eisenbahnmuseum (Tour 38)

Oder wir statten dem Vöhlin-Schloß noch einen kurzen Besuch ab: Im Burggraben tummeln sich Pferde, dahinter liegt ein Damwildgehege. Das Heimat- und Bienenmuseum im Schloß mag eher für einen überraschenden Regenschauer gedacht sein. Es ist für Kinder etwas trocken und in Bezug auf die Bienen zwar nicht uninteressant, aber stark fachlich ausgerichtet. Lediglich das lebende Bienenvolk, das ab 10° Tagestemperatur im Schaukasten zu sehen ist, sowie die Arbeit und Ausrüstung eines Imkers und die Honiggewinnung dürften etwas mehr Aufmerksamkeit wecken.

km Wanderung ca. 1,5 - 2 Std.

🕐 Minigolf: etwa Mai-Sept (je nach Wetter) tägl. ab 14 h. -
Heimat- und Bienenmuseum: Di 16-21 h, Mi 9-12 h und
16-19 h, Sa 14-17 h, So 13-17 h.

🗙 „Schützenheim" am Minigolfplatz (Di-So), weitere im Ort.

P Parkplatz „Rathaus, Schranne" an der „Hauptstraße/Vöhlin-
straße" (auch zeitl. unbegrenzte Plätze). Von der Kreuzung
„Ulmer Straße/Memminger Straße" östlich zum Rathaus. -
Parkplätze auch direkt am Weiher.

🚃 Bahnhof Illertissen. „Hauptstraße" gerade über die Kreuzung
zum Rathaus und Parkplatz (ca. 15 min).

🧺 Badesee im Erholungsgelände des Stadtteils Au nordwestlich von
Illertissen; Oberrieder Weiher (Tour 47), Nautilla siehe „Bäder".

ℹ Städt. Kulturamt, Hauptstr. 4, 89257 Illertissen, Tel. 07303/
17211, Fax 17228.

60

Weissenhorn -
Heimatmuseum

Im doppeltürmigen Stadttor, dem „Oberen Tor" aus dem Jahr 1470,
hat man das Weissenhorner Heimatmuseum untergebracht. Trotz der
Bezeichnung ist es auch für Besucher von weiter her interessant,
denn das, was dort als „Heimat" ausgestellt ist, gab es in übertrage-
nem Sinne vielfach auch anderswo. In schönster Lebendigkeit zeigt
sich gleich zu Beginn der Weissenhorner Markt, ein Stand auf echtem
alten Pflaster mit Marktgeschirr und Waren. Interessant auch der

Obelisk aus Seife, der 1908 für die Weißenhorner Gewerbeausstellung von der örtlichen Seifenfabrik gefertigt wurde. Für den voll eingerichteten „Krautheim-Laden", der aus der Mitte des 19. Jhs. stammt und bis 1983 von der Familie Krautheim in der Hauptstraße geführt wurde, muß man sich schon ein wenig Zeit nehmen, um alle Einzelheiten zu entdecken.

Dann geht es in die Türme, zur Waffen- und Büchersammlung und Dokumenten des Zweiten Weltkriegs. Durchs Türmerstübchen, in dem noch eine Tafel mit den Pflasterzolltarifen hängt, gelangt man zu den Küchen. Über der Feuerstelle einer frühen Bauernküche ist ein Rauchabzug eingebaut, alte Tiegel, Pfannen und Tongeschirr sind vorhanden, selbst der Kienspanhalter und die ersten Zündhölzer ohne Phosphor fehlen nicht. Die Rundgangschilder führen weiter zu alten Fahrrädern mit einer Einladung zum Radfahrergaufest 1905 in Krumbach - sogar Radfahrvereine gab es damals schon! In Vitrinen ist Spielzeug, darunter ein uraltes Schaukelpferd, Puppen und Puppenwagen, Puppenstuben, Modelleisenbahn, Kinderbücher und -spiele, ausgestellt. Es folgen Musikinstrumente, Bekleidung, Nähmaschinen, Schützenscheiben. Anschließend müssen wir hinauf in den Turm.

Wunderschöne Schränke und Kästen aus der Blütezeit der Möbelmalerei (1800-1840) stehen hier. Im obersten Geschoß unter der großen Glocke gibt es ein Stadtmodell zu bewundern, das versucht, den baulichen Stand des 16. Jhs. darzustellen. Durchs Fenster erblickt man einen Teil der noch erhaltenen Gebäude.Wieder hinab, folgen weitere Räume mit Brauchtum und Gewerbe und als Prunkstück die alte Stadtapotheke. Sie entstand im Biedermeier und kam 1955 ins Museum. Wie die Aufschriften der verschiedenen Schubfächer besagen, mußte der Apotheker neben den Arzneien auch alle bewährten Hausmittel als Pulver, Trockengut und Tinkturen auf Lager halten. Ihm kam so über viele Jahrhunderte eine Vermittlerrolle zwischen Volksmedizin und wissenschaftlicher Heilkunde zu.

Die nächsten Räume, wohl weniger interessant für Kinder, beschäftigen sich mit Volksfrömmigkeit, der Kapitelsbibliothek bzw. der „Zwerger-Bibliothek". Der zu den interessantesten Persönlichkeiten der regionalen Geschichte zählende Pfarrer Christopf von Zwerger (1749-1830) verfaßte rund 2000 Bände, zum größten Teil theologische Werke und wissenschaftliche Studien, wobei ihm die Bauernaufklärung besonders am Herzen lag. So finden sich in seiner Bibliothek auch landwirtschaftliche Lehrbücher über Feldfruchtanbau, Ertragssteigerung, Pferdezucht und über den Baumschnitt.

Nach dem Museumsbesuch lohnt noch ein Rundgang durchs mittelalterlich geprägte Städtchen mit Neuffen- und Fuggerschloß, dem einstigen Bräuhaus, der ehemaligen Badstube und dem „Unteren Tor", dem sogenannten „Giggeler". Außerdem gibt es schöne Gasthäuser in der Altstadt.

Toureninfos

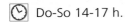 Do-So 14-17 h.

Erwachsene DM 3,-, Kinder ab 6 J. DM 1,-,
Familienkarte DM 6,-.

P Kurzparkplätze (So frei) am Kirchplatz. Anfahrt Richtung Stadtmitte und durchs doppeltürmige Stadttor; Parkhaus wenige Meter nördlich vom Tor.

Busbahnhof südlich der Kirche, RBA-Bus 392, 394, 9752, 9753, 9754, 9755. Zur Kirche, links zum Kirchplatz und Museum (ca. 3 min).

Städt. Freibad (beheizt), Illerberger Straße, im Westen der Stadt, Zufahrt beschildert (Mitte Mai - Ende Aug). - Nautilla siehe „Bäder".

i Weissenhorner Heimatmuseum, An der Mauer 2, 89264 Weissenhorn, Tel. 07309/8454, Fax 8450.

Freigelände beim Tropenhaus (Tour 62)

61

Senden - Baggerseen, Radeltour

Zu dieser Radeltour beidseits der Iller benötigen wir neben dem Drahtesel Badesachen und ein „Unterwegs-Menü", denn in der flachen Iller läßt sich herrlich planschen bzw. am Ufer auf einer Kiesbank gemütlich Brotzeit machen. Zum Schluß besuchen wir noch die Sendener Baggerseen, an deren Nordufer ein vielbesuchter Badestrand mit Spielplatz und Liegewiese lockt.

Vom Bahnhof Senden starten wir in nördlicher Richtung und radeln beim Wegweiser „Waldfriedhof" links durch den verkehrsberuhigten Bereich zur Kreuzung an der Hauptstraße. Geradeaus, dann links, folgen wir den Schildern „Naherholung Illerau". Vor dem Illerkanal merken wir uns das Hallenbad, falls der Wettergott für Abkühlung von oben sorgen sollte. Über den Kanal und kurz links-rechts, kommen wir zur Eislaufhalle, an der die Autofahrer parken (wer nur baden möchte, steuert kurz zuvor links den Parkplatz vor den Baggerseen an).

Gemeinsam passieren wir geradeaus die Schranke und lenken rechts auf den Trimmpfad, der durch den Auwald zum Illerwehr führt. Wir müssen rechts, anschließend links das schmale Weglein am Kanal entlang zur Straße. Hier wechseln wir links über die Brücke, rollen vor der nächsten hinab zum Illerufer und fahren rechts daran weiter. Eine Holzbrücke führt über den Kanal, vor uns liegen zwei Seen. Doch wir bleiben links an der Iller, queren einen Bach, an dem eine Wasseramsel ihr Revier hat, und finden einen Rastplatz.

Am anderen Ufer grüßt Illerkirchberg mit seiner hochgelegenen Kirche, für Einkehrer weist bald darauf ein Schild zur nicht weit entfernten Gaststätte „Silberwald" mit Spielplatz und schönem Biergarten. Da jedoch unser Picknick im Radelkorb seiner Bestimmung harrt, folgen wir weiterhin dem Fluß, unterqueren die doppelstöckige Autobahn und die nächste Brücke.

Für den Rückweg wechseln wir die Flußseite: also hinauf zur Straße, über die Brücke, gleich rechts hinab, und rechts wieder drunter durch. Hier herrscht am Kiesstrand reges Badeleben. Erneut hält sich der Weg ans Ufer und gibt immer wieder schöne Ausblicke auf die Iller frei. Am Flußbogen haben wir bereits von der anderen Seite her die Kiesbank zum Rastplatz auserkoren, zum Grillen oder Baden und Schlauchbootfahren im klaren, flachen Naß, das - außer bei Hochwasser - ohne große Strömung gemächlich dahinfließt.

Gestärkt und erfrischt radeln wir weiter auf dem Uferweg, vorbei am Sportplatz und beim einzelnen Haus gerade auf dem Damm entlang. Ein paar Stufen geleiten uns hinauf zur Brücke, mittels der wir den Fluß, kurz darauf anhand der nächsten auch den Kanal kreuzen. Danach rechts, strampeln wir den bekannten Pfad zum Wehr und wählen nun den rechten Weg. Schmal führt er auf dem teils recht hohen Damm durch den Auwald.

An der Kreuzung bei den Tennisplätzen (links ginge es direkt zurück zur Eishalle bzw. zum Badestrand) fahren wir geradeaus Richtung „Vöhringen", dann jedoch links zwischen den großen Baggerseen hindurch (hier großenteils FKK), die im Winter zum Schlittschuhlaufen einladen. Auf dem Querweg links, passieren wir Schrebergärten und können nun nach links den eigentlichen Badebereich mit Liegewiese, Spielplatz und Kiosk ansteuern. Oder wir radeln geradeaus weiter, am Parkplatz vorbei zur Eishalle bzw. rechts über den Kanal und den bekannten Weg zurück zum Bahnhof.

Toureninfos

 Ca. 22 km.

 Gasthaus „Silberwald" nahe der Radelstrecke (Do-Di); Kiosk am Nordstrand des Baggersees (bei Badebetrieb).

 An der Eislaufhalle. - In der Ortsmitte abbiegen „Naherholung Illerau" und weiter wie Tourbeginn zum Parkplatz.

 Bahnhof Senden.

 Badeplätze an der Iller und den Baggerseen; Nautilla s. „Bäder".

 Stadtverwaltung, Hauptstr. 34, 89250 Senden, Tel. 07307/9450.

62

Ulm - Friedrichau-Park, Aquarium und Tropenhaus

Zum Erlebnistag wird ein Ausflug in den Friedrichau-Park, der ein Stück nordöstlich vom alles beherrschenden Münster zwischen Stadion und dem Donaubogen liegt. Seit 1811 öffentliche Parkanlage, erfuhr er 1980 anläßlich der Landesgartenschau eine zusätzliche Verschönerung.

Per „pedes" oder per Rad kann man auf vielen gepflegten Wegen das weitläufige Gelände mit seinem alten Baumbestand durchstreifen: zu Seen mit Wasservögeln, zum Spiel- und Minigolfplatz, zu Wirtschaften mit großen Biergärten, zum Bärengehege hinter dem begehbaren alten Fort, das zur ehemaligen Bundesfestung Ulm (1842-59, größte erhaltene Festungsanlage Europas) gehört, sowie zum Ufer der Donau, auf der fast ständig irgendwelche Schiffe oder Boote vorbeikommen.

Spaziergang im Friedrichau-Park

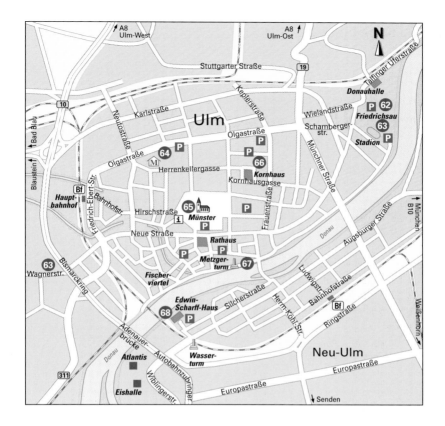

Zur eigentlichen Attraktion weist ein Fisch den Weg: Das Aquarium mit Tropenhaus findet sich in unmittelbarer Nachbarschaft der Donauhalle an der Straßenbahn-Endhaltestelle. In vielen Becken, Terrarien und Volieren sind heimische wie auch tropische Tiere und Pflanzen zu bewundern.

Der Rundgang beginnt im Aquarium bei den hiesigen Fischarten. Es folgen die Tropen- und Korallenfische und prächtige Zebra- und Netzmuränen. In den Terrarien tummeln sich Geckos, Schlangen, Echsen und Frösche, deren Tarnfarbe zu einem wahren Suchspiel herausfordert. Im Tropenhaus sind allerlei interessante Vögel, Krokodile und Alligatoren ins Grün integriert, ebenso Affen, die im Sommer in die Freiluftkäfige dürfen. Die Ziegen im Freigelände, das zum Teil den Damhirschen gehört, lassen sich streicheln, noch lieber aber füttern.

🕐 Aquarium und Tropenhaus Apr-Sept Di-So 10-18 h, Okt-März Di-So/Fei 10-17 h.

▦ Friedrichau-Park: frei zugänglich. - Aquarium mit Tropenhaus: Erw. DM 5,-, Kinder ab 6 J. DM 3,-, Fam.Karte DM 10,-.

⌧ Mehrere im Parkgelände mit schönen Biergärten.

P Parkplätze bei Fußballstadion oder Donauhalle (auch P+R zur Innenstadt). A 8, Ausfahrt „Ulm-Ost", Richtung „Stadtmitte", dann links „Donauhalle".

🚋 Hauptbahnhof Ulm: Tram 1, Haltestelle „Donaustadion" oder Endhaltestelle, SWU-Bus 14 zum Stadion.

🚿 Atlantis und Bad Blau siehe „Bäder".

i Aquarium und Tropenhaus, Wielandstr. 80, 89073 Ulm, Tel. 0731/1616742.

63

Ulm -
Ulmer Spielschachtel

Hinter dem Namen „Ulmer Spielschachtel" verbirgt sich ein Kinder- und Jugendtheater, das in Ulm und im weiten Umkreis zum Inbegriff eines jungen, unkonventionellen Theaters wurde. Hier verwischen sich immer wieder die Grenzen zwischen Schauspielern und Zuschauern, was selbst viele Erwachsene veranlaßt, einmal „Theater pur" zu erleben. In den meist selbst verfaßten Stücken geht es um die unterschiedlichsten Themen, wechselt Personentheater mit Masken-, Marionetten- oder Handpuppenspiel bzw. wird alles gemischt, da gibt es konventionelles Kasperltheater und Zauberer oder ein clowneskes Mitmachstück. Die Märchen der Gebrüder Grimm lebendig zu halten, ist eine weitere Aufgabe, die sich die Spielschachtel gestellt hat. Kinder und Jugendliche können in einem Theaterkurs neben dem Theaterspiel Zirkus- und Varietékünste erlernen.

Während von Oktober bis März auch die Marionetten im „Alten Theater" in Aktion treten, wandert die Spielschachtel von Ende April bis um den 20. Juni auf die grüne Wiese in den Friedrichau-Park bei Schwimmbad und Bärenzwinger aus. Das Spielereignis schlechthin umfaßt das „Luftikuss"-Zelt für Theateraufführungen, einen großen kostenlosen Spielegarten, Kinderkarussells und -schiffschaukel, Spielaktionen, Geschichtenerzähler und vieles mehr. In der Vorweihnachtszeit finden täglich Vorstellungen für Schulen und Kindergärten statt. Außerdem übernimmt die Ulmer Spielschachtel bei Kinder- und Stadtfesten, Firmenjubiläen etc. die Kinderunterhaltung mit Theater, Spielegarten, Schminken oder Bastelaktionen.

Toureninfos

🕐 Luftikuss im Friedrichau-Park: Ende Apr - etwa 20. Juni, Di-So/Fei 14-19 h, Kindertheater im Zelt 15 h, Extravorstellung 18 h. - Ulmer Spielschachtel und Marionettentheater im Alten Theater am Ehinger Tor, Wagnerstraße 1: Okt-März So 10 und 15 h bzw. nach Spielplan. (Programm im Verkehrsamt, wird auch zugesandt).

🎟 Alle „von 3 - 103 Jahre" DM 7,-/8,-.

🗙 Imbißwagen bei Luftikuss.

P Luftikuss: Parkplatz beim Fußballstadion am Rand des Friedrichau-Parks; von der A 8 wie Tour 62. - Altes Theater: Schulparkplatz des Scholl-Gymnasiums an der Kreuzung Bismarckring/Wagnerstraße.

🚃 Hauptbahnhof Ulm: Luftikuss Tram 1, Haltestelle „Stadion".- Altes Theater Tram 1, SWU-Bus 3, 4, 7, 8, 9, 10, 12, Haltestelle „Ehinger Tor".

Bad Blau und Atlantis siehe „Bäder".

 Geschäftsstelle Ulmer Spielschachtel, Saarlandstr. 83, 89077 Ulm, Tel. 0731/31506.

64

Ulm -
Deutsches Brotmuseum

Wie oft wird heute gedankenlos ein Stück Brot weggeworfen, dabei zählt das tägliche Brot zur unentbehrlichen Grundlage menschlicher Existenz, Kultur und Zivilisation. So ist der Gang durch 8000 Jahre Brotgeschichte nicht nur hochinteressant, sondern kann auch ein wenig nachdenklich stimmen in Bezug auf unseren Umgang mit Nahrungsmitteln.

Im Jahre 1955 entstand das weltweit erste Brotmuseum, das seit einigen Jahren im alten Salzstadel (von 1592) am nördlichen Rand der Ulmer Altstadt eine würdige Unterkunft gefunden hat. Ein aufgeschnittenes Modell des Hauses mit seiner kunstvollen Dachkonstruktion steht in der Säulenhalle des Erdgeschosses. Zunächst dreht sich alles „Rund ums Brot". Bei der alten Backstube müssen Sie den Kindern sicher so einiges erklären, während der Computer, an dem man sein Wissen übers Brot erweitern kann, selbst die richtigen Antworten weiß.

Eine Filmvorführung beschreibt den langen Weg zum fertigen Brot. Anschließend wird im 1. Stock unter der Überschrift „Aus Korn wird Brot" das Thema anhand vieler Originalgerätschaften anschaulich aufbereitet: von den Körnern über Anbau, Ernte, Transport, Mahlen, Teig bereiten und Backen bis zum Verkauf im alten Bäckerladen „Semmelmacher". Den Kindern gefallen vor allem die Backstubenmodelle und die verschiedenen Kurzfilme, die auf Knopfdruck abrufbar sind.

Heißgeliebt: der Spielegarten (Tour 63)

Die 2. Etage, in der es um Getreide und Brot im Glauben der Völker, den Hunger in der Welt und die Kriegszeiten geht, ist für die Jüngeren wohl etwas weniger spannend. Lustig anzuschauen sind allerdings die ersten Toaster. Als wahre Kunstwerke erweisen sich die vielgestaltigen Model, mit denen früher das Gebäck ausgeformt wurde. In der Vorweihnachtszeit kann man an 6 bis 8 Tagen, die veröffentlicht werden, den eigenen Teig mitbringen und anhand von Originalmodeln die schönsten Plätzchen und Lebkuchen backen.

Der 3. Stock ist aktuellen Sonderausstellungen vorbehalten. An der Kasse gibt es noch allerlei Literatur rund ums Brot; die Fachbibliothek steht nach vorheriger Anmeldung zur Verfügung.

Di-So 10-17 h, Mi bis 20.30 h (19 h kostenlose Führung).

 Erw. DM 5,-, Kinder DM 3,50, Fam.Karte DM 14,-. - Museums-Paß Ulm/Neu-Ulm DM 8,- (für 8 Museen incl. Aquarium), erhältlich in den Museen oder bei der Tourist-Information am Münsterplatz.

P Parkhaus „Salzstadel" beim Museum. Ausgeschilderte Zufahrt über „Olgastraße" (Altstadtring); Kurzparkplätze in den umliegenden Straßen (So frei).

 Hauptbahnhof Ulm: Nördlich zum Postamt, rechts „Olgastraße" (ca. 10 min). - Tram 1, Haltestelle „Justizgebäude", Parkhaus-Schild „Salzstadel" (ca. 3 min).

 Bad Blau und Atlantis siehe „Bäder".

i Deutsches Brotmuseum, Salzstadelgasse 10, 89073 Ulm, Tel. 0731/69955, Fax 6021161.

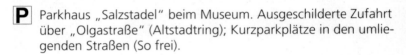

65

Ulm - Münster

Es bleibt Ihrem Einfallsreichtum überlassen, ob und wie Sie Ihre Kinder motivieren können, die 763 Stufen im Turm des Ulmer Münsters hinaufzuklettern, um von 143 m Höhe über Stadt und Land zu schauen. Manche sind mit wahrer Begeisterung bei der Sache, andere weigern sich von vornherein oder geben nach der halben Strecke auf.

Vielleicht reizt das Argument, den höchsten Kirchturm der Welt (insges. 161,53 m) „bezwungen" zu haben. Falls Schulkinder bereits etwas von Gotik gehört haben, wäre natürlich auch ein kurzer Rundgang durch die größte Kirche Süddeutschlands angebracht.

Im Vorraum sind interessante Architekturzeichnungen des Turms sowie abgenommene Kreuzblumen und Kapitelle mit Spuren der Verwitterung zu sehen, desweiteren wie aus den roh herausgehauenen Formen die kunstvollen Verzierungen entstehen. Liest man, daß für solch ein Teilstück etwa 1200 Arbeitsstunden zu veranschlagen sind, kann man sich gut vorstellen, daß der im Jahr 1377 begonnene Bau erst 1890 fertiggestellt wurde und daß die jährlichen Unterhaltskosten derzeit bei rund 2 Millionen Mark liegen.

Toureninfos

🕐 Täglich: März 9-17.45 h, Apr-Juni/Sept 8-18.45 h, Juli-Aug 8-19.45 h, Okt 8-17.45 h, Nov-Febr 9-16.45 h. Der Turm wird jeweils 1 Stunde früher geschlossen.

💰 Kirche frei. - Turmbesteigung Erw. DM 3,50, Jugendliche DM 2,50.

P Parkplätze und -häuser im Bereich des Münsters.

🚃 Hauptbahnhof Ulm: durch „Bahnhofstraße" und „Hirschstraße" zum Münster (ca. 10 min.). SWU-Bus 2, 3, 4, 14, Haltestelle „Rathaus".

🛁 Bad Blau und Atlantis siehe „Bäder".

i Tourist-Information Ulm/Neu-Ulm, Münsterplatz 50 (Stadthaus), 89073 Ulm, Tel. 0731/1612830, Fax 1611641.

66

Ulm -
Naturkundliche Sammlungen

Noch vor dem wunderschönen Giebel des Kornhauses, hinter dem das Ulmer Münster durchspitzelt, liegt der Eingang zur Naturkundlichen Sammlung der Stadt Ulm. Sie unterscheidet sich von typischen Museen dieser Art in zweierlei Hinsicht: Der Besucher wird eingeladen, Dinge und Tiere mit allen Sinnen zu erfassen, zu sehen, zu fühlen, zu hören, zu ertasten oder zu berühren.

Wer nicht sehen kann, dem helfen Erklärungen in Blindenschrift weiter. Fühlen sich beispielsweise Sehende in der dunklen „Tasthöhle" eher unsicher, werden Sehbehinderte mit Leichtigkeit herausfinden, um welche Dinge es sich handelt; auch wird ihnen ihr geschultes Gehör das Erraten von Geräuschen oder Vogelstimmen leichter machen als allen anderen. Doch auch mit gesunden Augen ist es ein Vergnügen, den Dachs zu streicheln, den großen Braunbär zu kraulen oder unterschiedliche Strukturen aus der Natur zu berühren beziehungsweise zu erraten, denn für Kinder gibt es eigene Rätselbogen.

Die meisten Tiere hat man in hübsch gestalteten Dioramen untergebracht, darunter Luchs und Wildkatze, Wasservögel, Fische oder Tiere auf Trockenrasen, Acker, Feld und im Wald. In Aquarien schwimmen lebende Fische. Ebenfalls hinter Glas sind großartige Versteinerungen und Skelettfunde aus prähistorischer Zeit zu bewundern. Eindrucksvoll ist das Modell eines Quastenflossers in Originalgröße, wie er vor 350 Millionen Jahren lebte.

Verschieden lange Videofilme befassen sich mit naturkundlichen Themen. Im Keller ist eine Mineraliensammlung untergebracht. Der Raum für Sonderausstellungen freut den Nachwuchs besonders zur Osterzeit; denn dann tummeln sich hier lebende Hasen, Gänsekinder und die verschiedensten Arten von Hühnerküken.

„Streichelbär" im Naturmuseum

Toureninfos

🕐 Di-So 10-12 h und 14-17 h, Do bis 18 h.

Erw. DM 3,-, Kinder ab 6 J. DM 2,-, Fam.Karte DM 7,-. Museums-Paß Ulm/Neu-Ulm DM 8,- (für 8 Museen incl. Aquarium), erhältlich in den Museen oder bei der Tourist-Information am Münsterplatz.

P Am Sonntag in den Straßen ums Museum. A 8, Abfahrt „Ulm-Ost", immer „Stadtmitte", dann rechts „Theater" in die „Olga-straße", nächste Ampel links „Frauenstraße" und rechts zum Müller-Parkhaus (oder Parkhaus am Kornhaus). Durch die „Greifengasse" zur „Kornhausgasse" und rechts zum Museum (ca. 3 min).

 SWU/DING-Linienbusse 4, 9, 26, RAB-Linien 7511, 7517, Halte-
stelle „Rosengasse". Zur Post und rechts in die „Kornhausgasse"
(ca. 5 min).

 Bad Blau und Atlantis siehe „Bäder".

i Naturkundliche Sammlungen der Stadt Ulm, Kornhausgasse 3,
89073 Ulm, Tel. 0731/1614742.

67

Ulm -
Schiffsrundfahrt

Wem die folgenden Kanutouren zu abenteuerlich erscheinen, der
kann sich an das liebevoll renovierte Ausflugsschiff „Ulmer Spatz"
halten, auf dem 55 Fahrgäste Platz finden und das eine knapp ein-
stündige Runde auf der Donau dreht. Vom Anlegeplatz am Metzgerturm (der „schiefe Turm" mit einer Neigung von 2,05 m, erbaut um
1349, früher Gefängnis und Stadttor) geht es etwa 3,5 km flußabwärts bis zum Kraftwerk Böfinger Halde.

Sehr schön lassen sich auf der gemütlichen Fahrt oft an die hundert
Schwäne, viele Enten, Bläßhühner, Zwergtaucher und manchmal sogar Haubentaucher beobachten. Interessant ist es auch, die Ruderer
oder - vor allem während der Sommerferien - die verschiedensten
selbstgebastelten Flöße vorbeiziehen zu sehen.

Auf dem Rückweg legt der „Ulmer Spatz" in der Friedrichau beim Bärenzwinger an. Hier kann man die Fahrt unterbrechen zu allerlei Unternehmungen. Wer noch laufen möchte bzw. das letzte Schiff ver-
säumt hat, darf zu Fuß am Donau-Ufer in etwa 30-60 Minuten
zurückspazieren zum Metzgerturm.

1. Mai - 10. Okt Mo-Sa 14, 15 und 16 h, So/Fei 13-17 h stdl., Sonderfahrten für Gruppen, Schulklassen, Vereine.

Erw. DM 10,-, Kinder 4-16 J. DM 7,-.

P Parkplätze bzw. Tiefgaragen südlich des Münsters.

SWU-Bus 2, 3, 4, 14, Haltestelle „Rathaus", von dort südlich zum Metzgerturm (ca. 4 min).

Atlantis und Bad Blau siehe „Bäder".

i Reinhold Kräß, Henkersgraben 55, 89073 Ulm, Tel./Fax 0731/ 62751. - Tourist-Information Ulm/Neu-Ulm, Münsterplatz 50, 89073 Ulm, Tel. 0731/1612830, Fax 1611641.

68

Neu-Ulm - Kanutouren

Ein echtes Vergnügen oder eine besondere Geburtstagsüberraschung sind die geführten Kanutouren auf Iller und Donau. Erfahrene Begleiter geben die nötige Sicherheit, so daß die ganze Familie unbesorgt durch stille Flußauen und geheimnisvolle Wasserwelten, in der allerlei Tiere zu beobachten sind, dahingleiten kann. Die komplette Ausrüstung incl. Schwimmweste wird gestellt und der Transport vom Treffpunkt am Parkplatz des Edwin-Scharff-Hauses in Neu-Ulm zum Einstiegsort übernommen. Der Nachwuchs sollte schwimmen können, Kleinkinder dürfen auf eigene Verantwortung mitgenommen werden. Geeignet ist der Paddelspaß, der mit einem geselligen Ausklang endet, auch bestens für Klassenausflüge.

Der Veranstalter bietet unterschiedliche Touren auf den beiden Flüssen an, von Dreistunden- bis Tagestouren, z.B. die Iller ab Oberkirchberg als kurze oder die Donau ab Riedlingen als längste Strecke. Die ruhige Donau ist einfacher zu befahren und besonders für Kanu-Neulinge oder nicht ganz so Mutige empfehlenswert. Hier gibt es auch etwas mehr Landschaft zu sehen, da die Ufer nicht so stark eingewachsen sind. Umtragestellen an Wehren oder Kraftwerken werden gleich zur Brotzeit genutzt.

Mehr Action ist auf der Iller angesagt. Sie fließt schneller und bildet - je nach Wasserstand - Kiesbänke aus, die zu Rast- und Badepausen angesteuert werden. Hier entstehen manchmal kleine Stromschnellen; sie zu durchfahren macht besonders viel Spaß. Die Iller säumen dichte, grünbewachsene Ufer, ihre Wassertiefe mißt nur etwa einen halben bis einen Meter. Besonders schön ist am Illerspitz die Einfahrt in die Donau, hinter der direkt das Ulmer Münster steht.

Toureninfos

🕐 Mai-Okt, Anmeldung erforderlich.

⏱ 3 Std./Tag: Erw. DM 35,-/55,-, Kinder DM 25,-/39,-.

P Parkplatz am Edwin-Scharff-Haus, Silcherstraße 40. Von der A 8 wie Tour 66, jedoch gerade weiter über die Donau nach Neu-Ulm, gleich rechts „Edwin-Scharff-Haus" (beschildert).

🚆 Hauptbahnhof Ulm: Zu Fuß in südlicher Richtung entlang der Bahnlinie, über die Donaubrücke nach Neu-Ulm, links „Silcherstraße" zum Edwin-Scharff-Haus (ca. 15 min). Atlantis und Bad Blau siehe „Bäder".

i Sportiv Touren, Dorfstr. 20, 89233 Neu-Ulm, Tel. 0731/9709298, Fax 9709299. - Tourist-Information Ulm/Neu-Ulm, Münsterplatz 50, 89073 Ulm, Tel. 0731/1612830, Fax 1611641.

Paddeltour auf der Donau in Ulm

Touristik-Verbände
(für den Raum Nord-Bayerisch-Schwaben)
Hier erhalten Sie weitere Informationen und Unterlagen:

Tourismusverband Allgäu/Bayerisch-Schwaben, Fuggerstr. 9, 86150 Augsburg, Tel. 0821/33335, Fax 38331.

Touristikverband Ries, Marktplatz 2, 86720 Nördlingen, Tel. 09081/ 84116, Fax 84113.

Verkehrsverein Schwäbischer Barockwinkel, An der Kapuzinermauer 1, 89312 Günzburg, Tel. 08221/95235, Fax 95240.

Tourist-Information Ulm/Neu-Ulm, Münsterplatz 50, 89073 Ulm, Tel. 0731/1612830, Fax 1611641.

Kneippland Unterallgäu, Bad-Wörishofer-Str. 33, 87719 Mindelheim, Tel. 08261/995235, Fax 995332.

Bäder

Vielerorts gibt es schöne und moderne Schwimmbäder, die durchaus besuchenswert sind. Unter den nachfolgenden sind lediglich solche zu finden, die unter den Begriff „Erlebnisbäder" fallen. Die Preisegestaltung ist oft so differenziert, daß zur Orientierung nur Beträge für Einzelbesuche bzw. kürzeste und längste Badezeit angegeben sind. Spezielle Angebote wie Sauna etc. kosten meist extra.

Blaustein - Bad Blau

 Badepark Bad Blau, Boschstr. 12, 89130 Blaustein, Tel. 07304/80262, Fax 80255, etwa 5 km westlich von Ulm: Sportbecken (27°); Abenteuerbecken für Nichtschwimmer mit Jetstream-Anlage und Unterwasser-Massagedüsen (Softballspiele gestattet); 60-m-Rutschbahn; Warmwasserbecken, Familienbereich mit Kinderplanschbecken, Elefantenrutsche, Babyplanschkuhle und Spielbach (33°); Schwimmkanal zum Sole-Außenbecken mit heilkräftigem Solewasser, Bodensprudler, Massageliegen, Nackenduschen; Dampfgrotte, Sonnendüne, Fitnessraum; Freizeit- und Medienbereich mit Billard, Tischtennis, Tischfußball, Großbildschirm und Video; Saunadorf mit Soft-, Innen- und Außensauna; Kneippanlage.

 Mo 13-22 h, Di-Fr 9-22 h, Sa-So 9-21 h. In der Regel anfangs der Sommerferien ca. 1-3 Wochen geschlossen.

 2,5 Std./Tag: Erw. DM 9,-/11,-, Ki. 6-18 J. DM 7,-/9,-, Fam.Tageskarte DM 32,-.

 Bistro und Cafeteria.

 Parkplatz am Badepark.

 Bahnhof Blaustein (ca. 3-4 min); SWU-Bus 7514, 7642 von Ulm nach Blaustein-Mitte (ca. 10 min zum Bad).

Gersthofen - Gerfriedswelle

 Freizeit- und Erlebnisbad Gerfriedswelle, Sportallee 24, 86368 Gersthofen, Tel. 0821/471700: Gesamtfläche 23.000 qm, alle Becken beheizt, großzügige Liegelandschaft, Schwimmkanal zwischen Außenanlage und Halle; Whirlpool und römisch-irisches Dampfbad; Sportbecken mit Sprungturm, 57 m Wasserrutsche, 900 qm Wellenbecken, Erlebnisbucht mit Wasserfall und Wildwasserkanal, Strömungsbecken, Sprudelliegen und Massagedüsen; Kinder-Wasserwelt mit Quelltopf und Sprudelbucht, Spielparadies mit Turn-/Matschspielplatz.

 Mitte Mai - Mitte/Ende Sept (je nach Wetter). Mai 9-19 h, Juni-Aug 9-20 h, Sept 9-18.30 h.

 Tageskarte Erw. DM 8,-, Ki. ab 6 J. DM 6,-, Kurzzeittarif ab 17 h DM 4,-.

 Kaffeeterrasse und Kiosk.

Am Bad. In der Ortsmitte gegenüber dem Gasthof „Strasser" durch die „Bauern-
straße" und den Schildern „Stadion, Gerfriedswelle" folgen.

 Grüne VGA-Busse (von Augsburg Hbf) 51, 52, 54, Haltestelle „Gerfriedswelle".

Illertissen - Nautilla

 Nautilla-Freizeitbad, Gottfried-Hart-Str. 6, 89257 Illertissen, Tel. 07303/42744,
Fax 42745: 800 qm Wasservergnügen in 5 Becken (27-30°); Wasserrutsche
52 m; Außen-Solebecken mit Massagedüsen und Unterwasserliegen; Nicht-
schwimmer- und Sportbecken; Erlebnisbecken mit Strömungskanal, Wasserfall
und Schwallbrausen; Kinderparadies mit Trockenspielbereich und Babybecken;
große Liegewiese mit Kneipp-Anlage und Spielplatz; Dampfraum, Solarien,
Saunagarten, Blockhaussaunen, Warm- und Kaltbecken.

 Mo 13-21.30 h, Di-Do 10-21.30 h, Fr. 10-22.30h, Sa/So/Fei 9-20.30 h.

 3 Std./Tag: Erw. DM 8,-/11,-, Ki. ab 6 J. DM 6,-/8,-, Fam.Karte DM 21,-/30,-.

 Bistro mit Sonnenterrasse und Getränkebar.

 Parkplätze am Bad.

 Bahnhof Illertissen: Die „Bahnhofstraße" südlich, rechts „Dietenheimer Straße",
rechts „G.-Hart-Straße" (ca. 10-15 min). Nautilla-Bus etwa halbstündlich, jedoch
nicht Sa/So/Fei.

Königsbrunn - Königstherme

 Königstherme, Königsallee 1, 86343 Königsbrunn, Tel. 08231/96280, Fax
962820: Badeparadies mit verbundenen Innen- und Außenbereichen (30°),
Wildwasserkanal, Geysire, Wasserfälle, Sprudelliegen, Massagedüsen, Whirl-Pools
(35°), Therapiebecken (26°); rund um die Wasserlandschaft Liegewiesen,
Sonnenliegen, Solarienwiese, Ruhezonen; Kinderparadies (33°); 3 Wasserrut-
schen, darunter 80-m-Riesenrutsche; Saunawelt zum Träumen nach antikem
Vorbild mit 8 verschiedenen Saunen, darunter Bio-Sauna, finnische Heißluft-
saunen, irisch-römisches Dampfbad, Tepidarium, Laconium, Saunagarten,
Außenbecken und Liegewiesen; Vitarium mit Kräuter- und Packungsbädern,
Massagen, türkischem Dampfbad.

 tägl. 9.30-21.30 h. Vitarium nach Terminvereinbarung.

 2 Std./Tag: Erw. DM 21,-/26,-, Ki. 5-15 J. DM 13,-/18,-. Kindergeburtstag ab
6 Kinder halber Preis (nur auf Voranmeldung am Geburtstag).

 Badehosen-Restaurant mit einem von außen zugänglichen Teil; Saunabar.

 Parkplätze im Norden (Zufahrt durch die „Königsallee") und Süden der Anlage
(Zufahrt „Gartenstraße/Alter Postweg"), im Ort mit „Königstherme" ausgeschil-

dert (Abfahrt neue B 17 „Königsbrunn-Nord", an der Ampel rechts, dann links in die „Königsallee").

 RBA-Busse im Rahmen des AVV (auch vom Hauptbahnhof Augsburg und Bahnhof Mering), Linien 730, 731, 732, 733, 734 und 100 (Mering), Haltestelle „Gasthof Krone". Rechts am Gasthaus vorbei zur Königstherme (ca. 3 min).

Neu-Ulm - Atlantis

 Atlantis Freizeitpark, Wiblinger Str. 55, 89231 Neu-Ulm, Tel. 0731/985990, Fax 985994: Badepark mit Innen- und Außenbereich, Schwimmbecken (28°), Wellenbecken (27°), Thermalbecken (33°), Erlebnisbecken mit Strömungskanal (29°), Kinderbecken (33°); 3 Riesenrutschen, Massagedüsen, Sprudelliegen; große Sauna-Anlage mit 8 verschiedenen Saunen, türkischem Hamam, Tepidarium, Dampfbäder, Massagen, Warmbecken und Freibereich; Sportstudio, Solarien.

 Täglich 9-22 h.

 1 Std./Tag Erw. DM 6,-/25,-, Ki. ab 4 J. DM 5,-/19,-; Geburtstagskinder frei.

 Interne und externe Gastronomie, Saunabar, Internetcafé.

 Am Bad. A 8 Ulm-West, B 10, Abfahrt „Neu-Ulm Mitte" od. A 7, Ausfahrt „Neu-Ulm", Beschilderung „Donaubad, Eislaufanlage".

 SWU-Bus 3, 5, 7, Haltestelle „Donaubad, Eislaufanlage".

Eislaufen

Es gibt in Nordschwaben Natureisflächen und in den Orten oftmals auch Eisbahnen. Da jedoch der Winter immer seltener sein frostiges Gesicht zeigt, hier noch einige größere Kunsteisstadien, in denen Sie mit Ihren kleinen Eisprinzessinnen und -prinzen lustige Kringel auf die glatte Fläche zeichnen können. Die angegebenen Laufzeiten werden manchmal wegen Eishockeytraining oder -spielen kurzfristig geändert, in den Weihnachtsferien auch Zusatzzeiten eingeschoben. Verschiedene Stadien geben für jede Saison einen neuen Zeitplan heraus.

Augsburg - Curt-Frenzel-Stadion

 Curt-Frenzel-Stadion, Senkelbachstr. 2, 86153 Augsburg, Tel. 0821/3242993, Fax 3246490: 2 Plätze, einer davon überdacht.

 Sept - März, Sa 14-16 h, 16.45-18.30 h, 19-22 h; So 9.45-11.30 h, 14-16 h, 16.30-18 h; Mi und Fr 20-22 h; übrige Wochentage auf Anfrage. Mit Musik.

Erw. DM 4,-, Kinder bis 18. J. DM 2,50, Abendlauf Ki. und Erw. DM 4,-. Leihschlittschuhe DM 3,50 - 6,50.

 Gaststätte im Obergeschoß, Kioske an beiden Bahnen.

 In den Straßen rundum, beim Arbeitsamt oder P+R-Parkplatz Plärrer, von letzterem durch die „Langenmantelstraße" rechts ca. 5 min zum Stadion. A 8, Ausfahrt „Augsburg-West" und Richtung Augsburg, dann „Oberhausen, Gersthofen-Süd", gerade die "Donauwörther Straße" weiter bis zum Ende, links über die Wertachbrücke und rechts in die „Langenmantelstraße".

 Hauptbahnhof Augsburg: Tram 2 zum Königsplatz und Tram 4 zur Haltestelle „Brunntal".

Bad Wörishofen - Eissporthalle

 Eissporthalle, Am Stadionring 1, 86825 Bad Wörishofen, Tel. 08247/6560.

 Mitte Sept - Mitte März, Mo 10-12 h, 14-16 h, Disco 20-22 h, Di/Do/Sa 14-16 h, Mi 10-12 h, 20-22 h, Fr 10-12 h, Disco 17-19 h, So 10-12 h, 14-16 h, 20-22 h.

 Erw. DM 5,- Kinder DM 3,-, Leihschlittschuhe DM 4,-.

 Kiosk, nur am Wochenende und bei Mo-Disco.

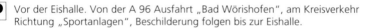 Vor der Eishalle. Von der A 96 Ausfahrt „Bad Wörishofen", am Kreisverkehr Richtung „Sportanlagen", Beschilderung folgen bis zur Eishalle.

 Bahnhof Bad Wörishofen: Nördlich durch die „Bahnhofstraße", rechts „Irsinger Straße", über die Kreuzung, links „Berliner Straße", links „Kemptener Straße" und rechts „Stadionstraße" (ca. 30 min).

Königsbrunn - Königstherme-Eistreff

 Königstherme, Königsallee 1, 86343 Königsbrunn, Tel. 08231/96280, Fax 962820; Eissporthalle mit überdachter Freieisfläche.

 Letzte Woche Sept - Ende März, tägl. 14-16 h; zusätzlich Mi 20-22 h und So 10-12 h Musikeislauf, Sa 19.30-21.30 h Disco-Lauf mit Laser-Show.

Erw. DM 6,-, Kinder bis 15 J. DM 3,-, Disco DM 7,-; Leihschlittschuhe DM 5,-.

Eistreff-Stüberl, Restaurant in der Königstherme.

Wie Königstherme (S. 161).

Wie Königstherme (161).

Landsberg - Eissporthalle

i Eissporthalle, Hungerbachweg 1, 86899 Landsberg, Tel. 08191/46266 oder 47566, Fax 46266.

🕐 Ende Aug - Ende März, Mo/Mi/Fr/Sa 14-15.45 h; Mi 9.30-11.30 h Mutter und Kind, 20.15-22 h Oldie-Abend, Sa 20.15-22 h Discolauf, einmal im Monat große Eisdisco, So 14-16 h.

🎿 Erw. DM 4,50, Kinder DM 2,50, bis 6 J. DM 1,50; Disco DM 6,-; Leihschlittschuhe Erw. DM 7,-, Kinder DM 4,-.

🗴 Kiosk in der Halle.

P An der Eissporthalle. Zufahrt vom „Hindenburgring" (B 17) nahe der Kirche durch die „Spöttinger Straße" in den „Hungerbachweg".

🚌 Bahnhof Landsberg: zur nahen Hauptstraße und rechts bergan, dann rechts die „Nikolaus-Mangold-Straße" zum Sportzentrum (ca. 10-15 min).

Memmingen - Eissporthalle

i Eissporthalle Memmingen, Hühnerbergstr. 19, 87700 Memmingen, Tel. 08331/62430 oder 850174, Fax 850178. Hallen- und Freilauffläche.

🕐 Sept-März, Mo 9.30-11.30 h, 14-15.50 h, 19-21h, Di/Mi/Fr/So 9.30-11.30 h, 14-15.50 h, Do 9.30-11.30 h, Disco 19.30-21.30 h, Sa 14-16 h.

🎿 Erw. DM 5,-, Kinder ab 6 J. DM 2,50, Abendlauf alle DM 5,-, Leihschlittschuhe DM 3,-/4,-.

🗴 Cafeteria „Zum Puck".

P An der Eishalle. A 96/A7 Ausfahrt „Memmingen, Buxheim", die „Buxheimer Straße" in die Stadt, rechts „Laberstraße" Richtung „Klinikum" und immer geradeaus bis zur Querstraße, dort rechts über die Bahn und zur Eishalle.

🚌 Bahnhof Memmingen: Stadtbus 2, Haltestelle „Hühnerberg".

Neu-Ulm - Eislaufanlage

i Eislaufanlage Neu-Ulm, Wiblinger Str. 33, 89231 Neu-Ulm, Tel. 0731/1613488.

🕐 Sept - März, Mo-Fr 9-12 h, 12.30-14.30 h, 15-17 h, 17.30-19.30 h, Mi/Fr 20-22 , Sa/So 9.30-12 h, 12.30-15 h, 15.30-18 h, Sa 19-21.30 h Disco, So 19-22 h.

🎿 Erw. DM 6,-, Kinder DM 3,-, Leihschlittschuhe DM 5,-; Disco + DM 1,-.

🗴 2 Kioske.

An der Halle. Zufahrt wie Atlantis (S. 162).

 Wie Atlantis (S. 162).

Senden - Eislaufanlage

 Eislaufanlage Illerau, Illerstraße, 89250 Senden, Tel. 07307/902010 oder 32466, Fax 902020.

 Ende Sept - Ende März, Mo/Mi/Fr/So/Fei 9-21 h, Di 9-13 h (Ferien bis 21 h), Do 9-15.30 h (14-15.30 h öffentl. Schlägerlauf), Sa 11-21 h (Ferien 9-21 h).

 Erw. DM 5,-, Kinder 6-17 J. DM 3,-, Leihschlittschuhe DM 5,-.

 Kiosk in der Anlage.

 An der Halle. In Senden Beschilderung „Naherholung Illerau", dann „Eislaufhalle" folgen.

 Bahnhof Senden: Nördlich und beim Wegweiser „Waldfriedhof" links in den verkehrsberuhigten Bereich, an der Kreuzung geradeaus wie Autofahrer (ca. 10-15 min). - RBA-Bus 9752, 9756, Haltestelle „Ev. Kindergarten". Zur Ampelkreuzung und weiter „Naherholung Illerau" (ca. 10 min).

Fahrradverleih

In vielen Orten kann man ein Fahrrad mieten und selbst auf Entdeckungsreise gehen; die Verkehrsämter wissen, wo. Die folgenden Verleihstationen beziehen sich nur auf den Tourenbereich des Buches:

Augsburg: Zweirad-Bäuml, Jakoberstr. 70-72 (am Jakobertor), Tel. 0821/326493, bzw. über Tourist-Information, Tel. 0821/502070.

Dillingen: Brachem, Am Stadtberg 21, Tel. 09071/6222.

Landsberg: Über Fremdenverkehrsverband Ammersee-Lech, Tel. 08191/47177.

Memmingen: Fickler, Lindauer Str. 14, Tel. 08331/2258.

Nördlingen: Müller, Gewerbestr. 16, Tel. 09081/5675; Böckle, Reimlinger Str. 19, Tel. 09081/801040.

Ulm: Reich, Frauenstr. 34, Tel. 0731/21179; Grehl, Klosterhof 17 (Ulm-Söflingen), Tel. 0731/382407.

Öffentliche Verkehrsmittel

Bus/Tram

AVV: Augsburger Verkehrsverbund, Tel. 0821/157000

BBS (Brandner-Bus-Schwaben)/Schapfl, Krumbach: Tel. 08282/4041

DING: Donau-Iller-Nahverkehrsgesellschaft, Ulm, Tel. 0731/962520

Gruber, Burgau: Tel. 08222/96920

Osterrieder, Wemding: T. 09092/96960

RAB: Regionalverkehr Alb-Bodensee, Tel. 07525/92000

RBA: Regionalbus Augsburg, Tel. 0821/345700

Schwaben-Bus, Donauwörth, Tel. 0906/21727

Schwarzer, Nördlingen, Tel. 09081/4018

SWU: Stadtwerke Ulm,T. 0731/1662155

VGA: Verkehrsgemeinschaft Augsburg, Tel. 0821/19449

VVM: Verkehrsverbund Mittelschwaben, Krumbach, Tel. 08282/5094

Waibel/Schneider, Landsberg, Tel. 08191/3855

Zenker-Probst, Ichenhausen: Tel. 08223/2018

Wohin bei Sonne?

Tiere, Tierparks und Wildgehege

Aitrach, Toni's Tierpark (57)
Augsburg, Hochablaß, Kuhsee (6)
Augsburg, Zoo (7)
Burgwalden, Engelshof (10)
Buxheim, Wildpark, Ponyreiten (56)
Dasing, Western-City (23)
Gansheim, Boschenmühle (27)
Höfarten, Peters Ponyhof (25)
Landsberg, Wildpark (51)
Mickhausen, Reiterhof (12)
Nördlingen, Alte Bürg (39)
Oberschönenfeld, Wildgehege (13)
Oettingen, Wörnitzinsel (33)
Schwabmünchen, Luitpoldpark (11)
Schwabstadl, Ponyreiten (48)
Ulm, Friedrichau-Park, Aquarium (62)
Weil, Ponyhof, Wild- und
Freizeitpark (49)
Wemding, Reiterhof (31)

Freizeitparks, Minigolf, Spielplätze

Augsburg, Kuhsee (6)
Biburg, Spielplatz (16)
Buxheim, Family-Park (56)
Dasing, Western-City (23)
Dillingen, Spielplatz, Minigolf (41)
Gansheim, Boschenmühle (27)
Gessertshausen, Trampi-Kinderland (14)
Horgau, Minigolf (18)
Illertissen, Weiheranlage, Minigolf (59)
Kirchdorf, Freizeitpark (52)
Langweid-Foret, Pippolino-
Freizeitpark (20)
Nördlingen, Minigolf- und
Spielplatz (36)
Nördlingen, Waldspielplatz (39)
Oberschönenfeld, Klosterspielplatz (13)
Oettingen, Wörnitzinsel (33)
Peterhof, Minigolf (19)
Schwabmünchen, Luitpoldpark (11)
Ulm, Friedrichau-Park (62)
Weil, Wild- und Freizeitpark (49)
Wemding, Minigolf, Spielplatz (31)

Wanderungen und Spaziergänge

Augsburg, Hochablaß und Kuhsee (6)
Biburg, Rundweg am Föhrenberg (16)

Breitenthal, Oberrieder Weiher (47)
Burgwalden, Engelshof, Scheppacher
Kapelle (10)
Buxheim, Wildpark (56)
Dinkelscherben, Pfad der Sinne,
Naturlehrpfad (17)
Gansheim, Boschenmühle (27)
Harburg, Fürstliche Waldschenke (30)
Hechlingen, Hahnenkammsee (32)
Hürnheim, Ruine Niederhaus (40)
Illertissen, Weiheranlage (59)
Krumbach, Krippenwanderungen (46)
Landsberg, Wildpark (51)
Nördlingen, Stadtmauerrundgang (36)
Oberschönenfeld, Klosterrundweg,
Waldlehrpfad (13)
Oettingen, Wörnitzinsel (33)
Peterhof, Waldlehrpfad (19)
Schwabmünchen, Luitpoldpark (11)
Schwabstadl, Lechstaustufen, Ruine
Haltenberg (48)
Ulm, Friedrichau-Park (62)
Welden, Rundweg (18)

Ausflüge mit dem Rad

Aichach, Radersdorfer Baggersee (24)
Augsburg, Hochablaß, Kuhsee (6)
Breitenthal, Oberrieder Weiher (47)
Buxheim, Wildpark (56)
Dillingen, Auwaldsee (41)
Harburg, Fürstliche Waldschenke (30)
Hechlingen, Hahnenkammsee (32)
Landsberg, Wildpark (51)
Neusäß, Weldenbahntrasse (18)
Nördlingen, Ofnethöhlen, Alte Bürg (39)
Schwabstadl, Lechstaustufen, Ruine
Haltenberg (48)
Senden, Illertour (61)
Ulm, Friedrichau-Park (62)

Mit Boot und Schiff

Augsburg, Kahnfahrt (3)
Augsburg, Kuhsee (6)
Breitenthal, Oberrieder Weiher (47)
Buxheim, Buxheimer Weiher (56)
Donauwörth, Paddeltouren (29)
Hechlingen, Hahnenkammsee (32)
Lauingen, Auwaldsee (41)
Neu-Ulm, Kanutouren (68)